お金は「歴史」で儲けなさい

加谷珪一

朝日文庫

本書は二〇一五年一月、小社より刊行された『お金は「歴史」で儲けなさい』を加筆修正したものです。

愚者は経験に学び、賢者は歴史に学ぶ。

オットー・フォン・ビスマルク
（ドイツ帝国初代宰相　１８１５～１８９８）

Nur ein Idiot glaubt, aus den eigenen Erfahrungen zu lernen.
Ich ziehe es vor, aus den Erfahrungen anderer zu lernen,
um von vorneherein eigene Fehler zu vermeiden.

はじめに

最初に、次の文章を読んでみてください。

日本経済はバブル崩壊後、長期のデフレに直面し、銀行の不良債権問題がヤマ場を迎えた頃、株価指数はピーク時の4分の1近くの水準まで下落した。不幸なことに大震災が重なっていたこともあり、日本経済は想像以上に疲弊していたのである。

その後、日銀が国債を引き受け、市場に大量にマネーを供給する政策に転換したことから、日本経済は復活。株価も順調に上昇を開始した。だが次第にインフレの影響が強くなり、庶民の生活は思いのほか苦しくなってきている。

この記述を見て、読者の皆さんは、いつの時代の日本経済のことを説明していると感じるでしょうか？

多くの人は、「バブル崩壊以後、長期のデフレに悩まされ、東日本大震災を経て、量的緩和策の実施に踏み切った今の日本のことを説明している」と思われるかもしれません。

確かにその通りなのですが、**この記述は、そのまま戦前の日本（大正末期から昭和初期にかけて）にも当てはめることができます**。本文で詳しく解説しますが、大正末期から昭和初期にかけての日本経済は今と非常に似た形で推移していました。

それだけではありません。

グローバル資本主義VS反グローバル主義、あるいは、構造改革派VS抵抗勢力の論争など、言論の世界も、今とまったく同じ状況でした。さらにいえば、現在、日銀が行っている量的緩和策とそっくりの政策も実施されていたのです。

当時と今とでは環境が大きく異なりますが、一方で、人間の営みはどんなに時代が進歩しても変わらないというのも事実です。経済というものが人の活動の集大成である以上、過去の出来事との類似性が出てくるのは、ある意味で当然のことなのです。

■歴史を徹定的に重視する富裕層たち

この事実を誰よりもよく知っているのが資本家です。

欧米には、数多くの戦争や恐慌、バブルを経て、何百年にもわたって一族の資産を維持・拡大し続けている資本家が数多く存在します。日本には明治維新、太平洋戦争という大きな断絶があるため欧米ほどではありませんが、やはり富の継続的な拡大に成功している資本家がいます。

彼等は非常に歴史を重視します。最新の知識やスキルも大事ですが、それは時間が経過するとすぐに陳腐化してしまいます。

しかし、歴史から得られた知見は、決して古くなることはありません。同じようなことを人は繰り返すからです。

歴史を知っていれば、バブルがどの程度の規模で破裂するのか、戦争が起こった時、株価はどう動くのか、新しいイノベーションにどう対処すればよいのかなど、多くのことが分かります。ITの進化など、何も恐れる必要はないのです。

ヘッジファンドの帝王として有名な、かのジョージ・ソロス氏は、もともと哲学者志望でした。このため歴史に関する造詣が深く、彼の投資にはこうした教養がいかんなく発揮されています。ソロス氏は確かに類い希《まれ》な天才ではあるのですが、こうした歴史的素養が彼の成功を支えている面も大きいのです。

あまり公言されていないものの、成功した多くの投資家が、徹底的に過去の検証を行っています。これは、お金儲けの世界では、よく知られた事実といってよいでしょう。

投資の世界で勝ち続けるには、自分の感覚や他人の意見だけに頼っていては危険であり、歴史という客観的な英知を利用する必要があるのです。

本書は基本的にそのような狙いで書かれた本ということになります。

■天才でも強運でもない人がお金を儲ける方法

筆者はビジネス系の出版社で専門記者をした後、投資ファンドで調査や運用の仕事に従事していました。その後、独立してリサーチ会社を設立し、金融やＩＴの分野で調査・分析・コンサルティングの仕事を行ってきました。

その間、自身の資産運用も積極的に行い、それなりに成功を収めることができました。現在では億単位の個人資産を株式市場で日常的に運用しています。

筆者が株式投資で成功することができたのは、本書に記したような歴史的推移を頭に入れることができたからです。

株式投資は、参加した人の8割が失敗して退出していくという非常に厳しい世界です。株式投資で勝ち残った人を見ると、少し愕然《がくぜん》としてしまいます。成功した投資家の多くが、「ある種の天才」か「非常に運のいい人」だからです。

筆者も当初は、感覚に頼った投資を実践してみましたが、ことごとく失敗しました。筆者のような凡庸な人間が株式投資で成功するためには、客観性や再現性のある手法が必須と考え、辿り着いたのが徹底的な歴史の検証でした。

本書に記載した長期的な投資に関する知見は、筆者の一連の活動の中で蓄積したデータをもとに導き出したものです。

日本は戦後に関しては非常に豊富なデータがあるのですが、戦前になると、一気にその量が少なくなるとともに、収集が困難になります。

本書の分析に使用したデータの中には、国会図書館のマイクロフィルムから得たものや、海外の国立図書館の蔵書、あるいは古書店でようやく見つけた古い書籍に記載されていたものなど、貴重なものも数多く含まれています。

戦争の前後でこれほどまでにデータの収集環境に違いがあることは、実際に作業をしてみるまで分かりませんでした。戦争の敗北という出来事が、日本社会にいかに大きな断絶を与えたのか、あらためて実感しました。

本書は全部で8章の構成となっています。

■インフレ、戦争、バブルをめぐる冒険

第1章は、主に130年間の超長期チャートを用いて、**株価は歴史的にどう動いてきたのか**について解説しています。株価の動きには再現性があることや、値動きよりも時間の方が重要であることが理解できると思います。

第2章では、**インフレ**時代には、どのようなスタンスで行動すれば、資産を防衛できるのかについて論じています。ドイツや日本のハイパーインフレの実態についても解説しました。インフレを懸念している人は必読だと思います。

第3章は、**戦争と株価**についてです。平和な時代に生きる今の私たちは、戦争が株式市場にどのような影響を及ぼすのかまったく分かっていません。内外の過去のケースを参考に、戦争と株価について論じます。

第4章は、**バブル**についてです。バブルはその規模や崩壊時期を予測できること、イノベーションのバブルは短い周期で発生することなどについて説明しています。

第5章は、**イノベーションと株価の関係**です。イノベーションを投資に利用するた

めのコツについて解説しました。

第6章は、**金や石油といったコモディティ投資**についてです。コモディティと通貨は表裏一体の関係であることについて解説しました。通貨というものが共同幻想であるという点や近年話題のビットコインについても言及しています。

第7章は、**長期投資の是非**についてです。長期でも短期でもリスクは変わらないこと、金融工学は有効だが、限界もあることなどが理解できると思います。

第8章は、**今後の投資戦略**です。歴史的知見をもとに、今後、どのように投資を進めていけばよいのか議論します。

各章は基本的に個別の話題となっているので、どの章から読み始めても構いません。ただ、本書の全体像を捉えるという意味では、最初に第1章を読んでいただいた方が、内容をよりスムーズに理解できると思います。

歴史をめぐる投資は、金銭的利益に加えて、知的好奇心を満たしてくれるものでもあります。それでは、ご一緒に、知的冒険の世界を旅してみましょう。

加谷珪一

お金は「歴史」で儲けなさい　目次

第1章

100年単位で株価はこう動く

第2章

インフレ時代を前に知っておくべきこと

第3章

戦争と株価の不都合な真実

第4章

バブルは利用するもの

第5章 イノベーションで儲ける鉄則

第6章 金と石油、そして通貨をめぐる攻防

第7章

長期投資は安全に儲かるのか

第8章

未来を見据えた投資戦略

ブックデザイン　西垂水敦＋平山みな美
図版作成　黒岩二三（Fomalhaut）

お金は「歴史」で儲けなさい

本書は投資を勧誘するものではありません。
投資の判断は、自己責任で行ってください。

第1章

100年単位で株価はこう動く

過去130年間で日本の株価は約8000倍になった

株式投資の世界には、短期投資、長期投資という言葉があります。

定義は少々曖昧ですが、短期投資というと、デイトレードに代表されるような、1日から1週間、長くても1カ月程度のスパンで売買を行うスタイルのことを指します。一方、長期投資は、1年から5年、あるいは10年といった長い期間を見据え、じっくりと腰を据えて投資するスタイルのことを指しています。

投資本などを見ると「個人の資産形成には長期投資がよい」などと書かれています。筆者もそう考えており、自分自身の資産運用も基本的には長期的スタンスに立ったものがほとんどです。

しかし、長期投資がよいと書いてある本の中で、過去の超長期的な株価の動きを具体的に検証しているケースはほとんどありません。あったとしてもせいぜい10年程度の話です。確かに10年という期間は長いですが、若い世代の人であれば、老後を迎え

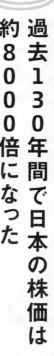

るまでには、まだかなりの時間があります。そういったスパンで考えた場合、10年はそれほど長期とはいえません。

また、10年では、世の中はあまり変わりませんが、30年、50年となってくると、社会は大きく変化する可能性があります。

本当に長期にわたって投資を続けようという意思があるならば、もっと長いスパンで株価がどう動くのか、詳しく知っておく必要があるはずです。

■130年で株価は数千倍に

次ページの図は、日本株の過去130年間の推移を示したチャートです。

このチャートは日経平均株価を基準に、明治時代にまで遡って連続性を持たせて表記したものです。日経平均株価は米国のダウ平均株価をもとに、戦後に作られたものですから、戦前には存在していません。

戦前にもいくつかの株価指数が存在していましたが、現在のように本格的な株価指数と呼べるものはまだありませんでした。明治時代になると株価指数自体も存在しなくなります。しかし明治時代には、東京株式取引所の株価が事実上の株価指数とみな

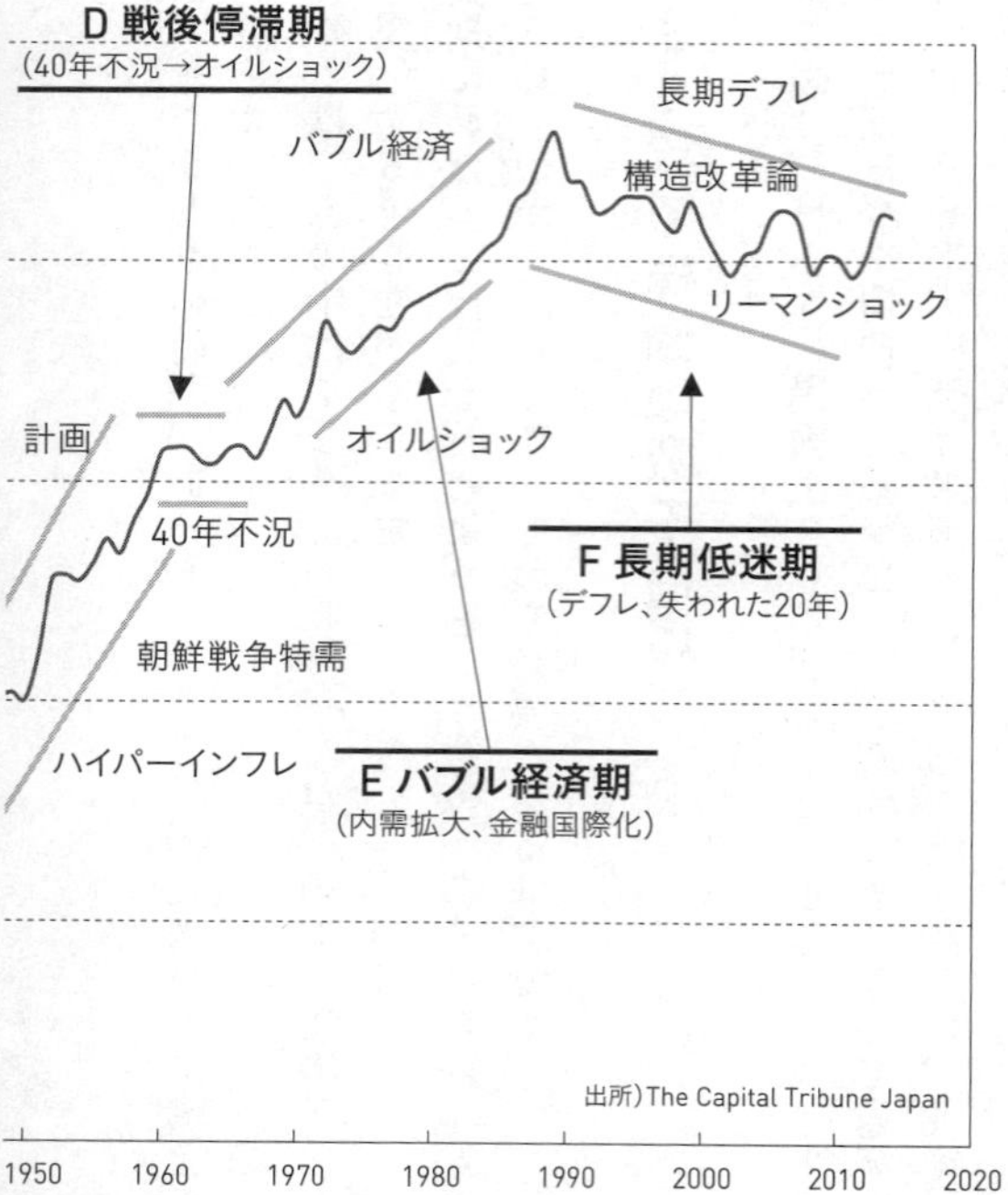
D 戦後停滞期
(40年不況→オイルショック)
長期デフレ
バブル経済
構造改革論
リーマンショック
計画
オイルショック
40年不況
F 長期低迷期
(デフレ、失われた20年)
朝鮮戦争特需
ハイパーインフレ
E バブル経済期
(内需拡大、金融国際化)
出所)The Capital Tribune Japan
1950
1960
1970
1980
1990
2000
2010
2020

日本株130年間の超長期チャート

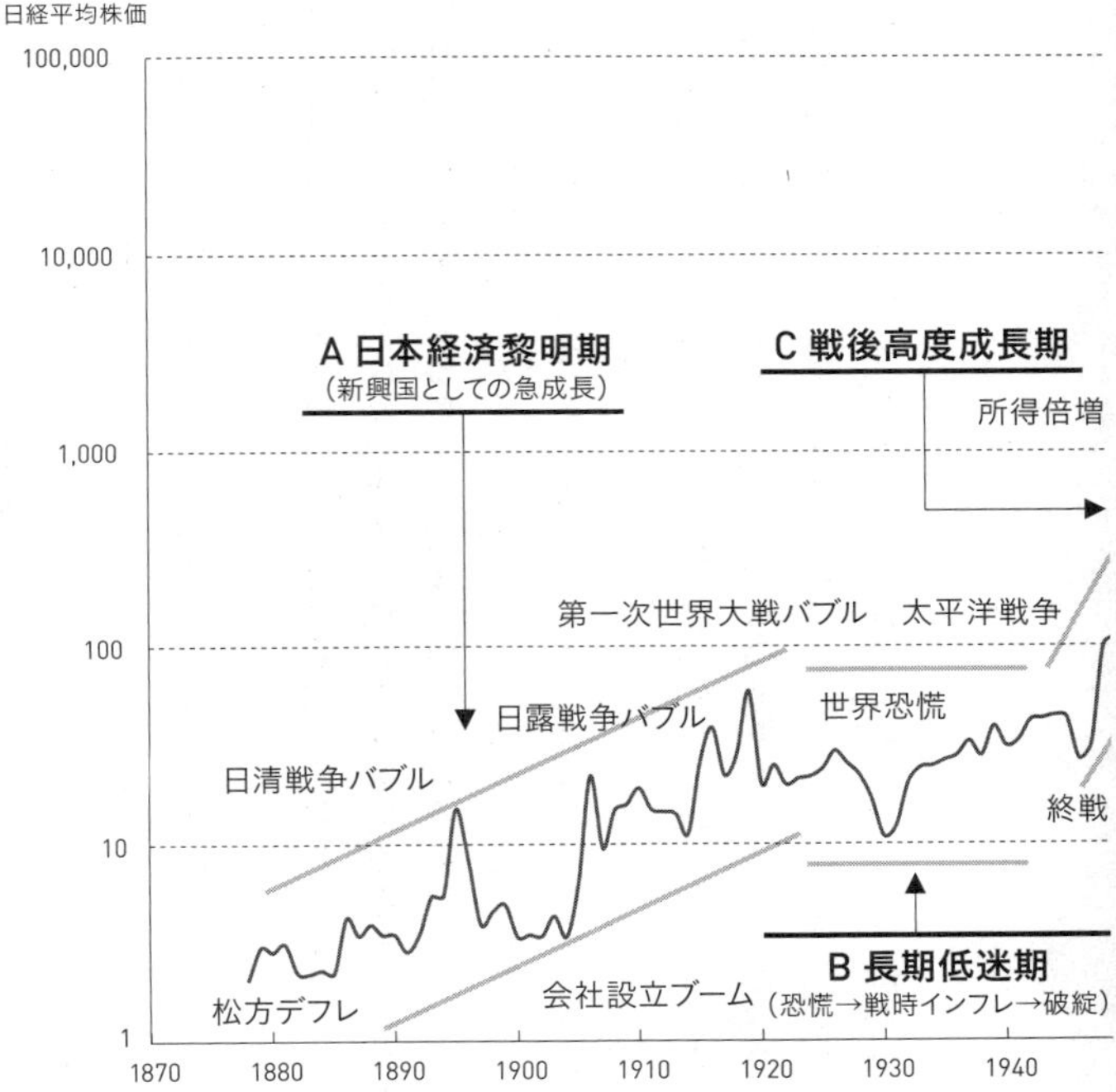

されていましたから、このチャートもそれにならっています。

また100年もの期間になると、株価は数千倍に上昇していますから、普通のチャートでは記載できません。このため縦軸（株価指数）は対数表記になっています。

対数というのは、目盛りが1つ上にいくと、数字は10倍になりますから、株価を見る際には注意が必要です。

過去130年間で、日本の株価は約8000倍に上昇しました。年間収益率に換算すると平均約7％ということになります。他の条件を何も考えずに長期にわたって投資をしていれば、年間7％ずつ資産が増えていくわけです。

年間7％というのは、実は大変な数字です。7％の収益があれば、これが複利で効いてきますから、10年間投資すると金額が2倍弱になります。20年間投資を続ければ、何と4倍近くにもなるわけです。

長期投資を推奨する本には、こうした複利の効果を説いているものも少なくありません。確かにその通りで、これが長期投資の醍醐味《だいごみ》といえるでしょう。

しかし物事には必ず両面があります。

確かに長い期間では上昇一辺倒なのですが、その中では、株価が激しく上下するタイミングがあります。

また、明治以降、現在までの間には、戦争、恐慌、インフレ、資源危機、バブル、長期不況、災害など、株式市場に極めて大きなインパクトを与える出来事が、結構な頻度で起こっています。
長期投資で勝つには、これらの障害をうまく乗り越える必要があるわけです。

STUDY

□ 日経平均株価と米国ダウ平均株価

日経平均株価は、国内株式市場を代表する株価指数のひとつ。東証一部に上場する約2100銘柄のうち225銘柄を対象に、米国のダウ平均株価と同じ平均法を用いて算出する。ちなみにダウ平均株価は30銘柄の平均株価。

20年単位の超長期トレンドを見極める

長期的な株価の動きを考える際には、まず長期的な株価のトレンドがどうなっているのかを知ることが重要です。

株価というのは、短期的にはランダムに動くことで知られていますが、ある一定の期間、トレンドを形成することも分かっています。これは長期でも同じで、株式市場には約20年程度の長期的なトレンドが存在します。

過去130年における株価の動きは、次に示す6つの大きな時代区分に分けて考えるとより明確になります。それぞれが大きな超長期トレンドを形成しているからです。

A　日本経済黎明期（1880年〜1920年、約20年間×2）

B　長期低迷期（1920年〜1945年、約25年間）

C　戦後高度成長期（1945年〜1960年、約15年間）

D　戦後停滞期（1960年〜1975年、約15年間）
E　バブル経済期（1975年〜1990年、約15年間）
F　長期低迷期（1990年〜現在、約30年間）

■明治の日本は今の新興国と同じ

明治時代は、近代国家として日本が国際社会にデビューした時期であり、まさに日本経済の黎明期ということになります。

1878年（明治11年）に株式会社組織の証券取引所である東京株式取引所（通称「東株」今の東証とは別の組織）が設立され、株式の売買がスタートしました。

最初は上場する会社がなく、東株は自分自身の株式の取引を行っていましたが、やがて株式を上場する会社が増えてきて、本格的な資本市場がスタートします。

日本は欧州に遅れて近代化したわけですが、江戸時代には、すでに実質的な近代化がかなり進んでいたというのが一般的な解釈です（日本の近代化をめぐっては、かつての講座派と労農派の争いなど、完全に決着していない面もあります）。

大坂には米相場の市場があり、欧州にさきがけて、今でいうところのデリバティブも取引されていました。したがって、日本人はすでに相場に関するかなりの知見を持っていたのです。株取引が好きな人であれば、「**酒田五法**」というチャートを使ったテクニカル投資手法を目にしたことがあるかもしれません。

酒田五法は、江戸時代の米の先物市場で莫大な資産を築いた投資家・本間宗久が編み出したものです。高度なテクニカル投資手法が、すでに江戸時代に確立していたわけです。ちなみに酒田五法という名前は、本間宗久が山形県酒田市の本間財閥の出身であることに由来しています（ゴルフ用品で有名な本間ゴルフ創業者は、本間財閥の末裔です）。

■2つの戦争で起きた億万長者ラッシュ

話が少しそれましたが、当時の日本は、近代化に伴い、日清戦争（1894〜1895年）と日露戦争（1904〜1905年）という極めて重要な2つの戦争を経験しています。

戦争と株価については、後ほど詳しく説明しますが、**この時は、どちらもバブル的な株価となり、億万長者が続出しました。**戦争が起こった際の株価の動きは、平和な時代に育った私たちとしては非常に参考になります。

この時期の日本は、今でいえば新興国の位置付けであり、低付加価値の工業製品（主に綿製品）を大量に生産していました。株価は新興市場らしくボラティリティ（価格変動の幅）が高く、上下変動が激しいのが特徴です。

ただ、日清戦争の勝利で得た賠償金によって金本位制（厳密には金ポンド本位制）がスタートするなど、現代的な金融システムも急速に整備されていきました。

リスクも大きかったわけですが、基本的に株価は驚異的な上昇を見せています。同じような時代に日本が逆戻りすることはないでしょうが、新興国の株価の動きや経済の推移を考える上では、当時の日本は非常に参考になるはずです。新興国から先進国に移行する際に起こる出来事は万国共通だからです。

■海外特需はバブルを起こす

大正時代に入ると、資本蓄積が一気に進み、国民の生活がかなり豊かになってきます。**この時代で注目すべきなのは、日本が、いわゆるバブル経済をはじめて経験したという点です。**

第一次世界大戦（1914〜1918年）は日本にとってまさに特需といってよいものでした。戦争の勃発によって、英国やドイツなど、欧州の工業国による生産だけでは工業製品が間に合わず、日本にも大量の発注が回ってきたのです。

戦争という特殊事例ではありますが、**海外の需要が堅調だと、日本の製造業が潤い、国内の設備投資が活発になって株価が上昇する**という構図は、すでに、この時代に確立しています。主力産業は移り変わっていますが、いわゆる輸出主導型経済というのは、この頃から存在していたわけです。

この時代は株価が非常に好調だったことから、やはり億万長者が続出しました。急に金持になった人を「成金」と呼びますが、この言葉が広まったのも実は大正時代の株価バブルがきっかけです。

STUDY

□ 講座派と労農派

戦前にあったマルクス主義経済学者らによる日本の近代化をめぐる一大論争。日本はまだ半封建主義的社会であり前近代的だとする講座派と、明治維新によって資本主義が確立したとする労農派が激しく対立していた。

世界恐慌でも大量のマネーを供給していた日銀

好景気を謳歌した大正バブル時代は、残念ながらあまり長くは続きませんでした。大正バブルが崩壊すると、日本経済は長期の低迷期を迎えます。世界恐慌に直面した日本経済は完全に機能不全となり、軍部の介入と統制経済を招いてしまったのです。

昭和に入り、太平洋戦争が終結するまでの約25年間は、日本の資本主義の歴史の中で、最も暗い時期となります。しかし不思議なことに、**日本が壊滅寸前まで追い込まれた太平洋戦争中、日本の株式市場は思いのほか堅調でした。**それは政府による株の買い支えがあったからです。

日本の株式市場には、ＰＫＯ（政府による株価維持策）という言葉がありますが、ＰＫＯのスキームの多くは、戦時統制によって生み出されています。

日本はすぐに官製相場になりがちなのですが、この原点は、戦時中の国家統制システムにあります。日本の戦時体制は形を変えて存続しているわけです。

■昔もあった構造改革派VS抵抗勢力の争い

この時代の最大の特徴は現在との高い類似性です。第一次世界大戦が終了すると反動不況が押し寄せ、日本経済は長期のデフレに突入します。デフレ経済に直面した当時の日本における最大の課題は、銀行の不良債権処理と、経済のグローバル化への対応でした。

第一次世界大戦と前後して、世界では技術革新や事業の国際化が進んでいたのですが、これについて行けない日本企業の経営が停滞してしまったのです。

経済ジャーナリズムの世界では、思い切った人員整理と企業のビジネスモデルの変革が必要という論調が出てくる一方、こうしたやり方は、欧米流のグローバル資本主義への迎合だとして、これに反発する声も高まっていました。

まさに今でいうところの、構造改革派と保守派（抵抗勢力派）の争いということであり、現在の日本と驚くほど状況が似ているのです。

また1923年に発生していた関東大震災の影響が思いのほか大きく、日本経済は壊滅的な状況に陥っていきます。結果として日本が選択した道は、国債の大量発行によるマネーの大量供給でした。しかも、その財源は、日銀の国債直接引き受けによって賄われたのです。

大規模な公共投資や市場統制によって混乱は回避されましたが、膨張する政府債務によってインフレが進み、国民生活は苦しくなっていきました。

世界恐慌対策としてスタートした国債の大量発行は、やがて財政ファイナンスとなり、日中戦争と太平洋戦争でさらに際限のないレベルまで拡大していきます。最終的には終戦直後、準ハイパーインフレという最悪の形で帳尻を合わせることになってしまいます。

■日銀の大量マネー供給はインフレへの序曲

本書の「はじめに」で書いた日本経済を説明する文章は、実はこの時代のことを記述したものなのです。

景気や企業のビジネスモデルには循環的な要素があり、技術が進歩しても、基本的に人間は同じことを繰り返しています。

バブル崩壊をきっかけにデフレ経済に突入し、構造改革とグローバル化に関する論争が発生し、世界恐慌を経て、最終的には日銀が大量のマネーを供給するという一連の流れは、現在の日本経済と非常によく似ています。

世界恐慌（1929年）をリーマンショック（2008年）に、関東大震災（1923年）を東日本大震災（2011年）に、国債の直接引き受けを異次元の量的緩和策に置き換えれば、まさに今の日本そのものです。

状況が同じなので、当然のことながら、株価も同じような動きとなりました。**当時の株価指数は、世界恐慌によって暴落し、一時は恐慌前の4分の1近くの水準にまで落ち込みました。**これはまさに、2003年に日経平均が8000円を割った時と非常によく似ています。

その後、株価は大規模な公共投資と日銀の資金供給で持ち直します。しかし、当初好調だった株式市場も、次第にインフレが深刻化するにしたがって、実質的な効果は薄れていってしまったのです。

アベノミクスの結末を歴史から予測する

こうした一連の類似性から、アベノミクスの結末を占ってみると、果たしてどうなるでしょうか？

現在、アベノミクスに対する評価は真っ二つに割れているというのが正直なところでしょう。肯定的に評価する人は、円安によって企業業績も拡大し、株価も上昇したので、それなりの成果があったと考えています。

一方、否定的に捉える人は、名目上の物価が上がっても、実質的な賃金が上昇しないので、個人消費は増加せず、むしろ生活が苦しくなったと主張しています。

先ほど、昭和初期の経済・金融危機の際には、日銀の大量資金供給で景気と株価が持ち直したものの、次第にインフレでその効果が薄れてきたと説明しました。筆者は本書（単行本）の初版を2015年1月に出版したのですが、初版ではアベノミクスの今後の展開について、以下のように予想していました。

あくまで仮定の話ですが、当時と状況がそっくりの日本経済が、やはり当時と似たように推移するのであれば、**量的緩和策によって景気は何とか持ち直すものの、インフレによって生活が苦しくなることが予想されます。**

現在の日本経済はおおむね筆者の予想通りに進んでいます。景気はそれなりに拡大していますが、食料品など生活必需品や不動産の値上がりが続いており、その水準に賃金が追いつかないため、庶民の生活はかなり苦しくなっています。

筆者は、自身の予想が正しかったということを主張したいのではありません。歴史的に類似性の高い状況であれば、似たように物事が推移する可能性は高いということを言いたいのです。

では、歴史を参考にした場合、今後の日本経済はどのように推移すると予想できるでしょうか。

現在、国内ではアベノミクスの効果が十分ではなかったとして、それに代わる新しい政策が必要との声が日増しに高まっています。最も究極的な提言は、財政赤字を気にすることなく、インフレが発生するまで財政出動が可能という、MMT（現代貨幣理論）でしょう。

２０１９年7月に行われた参議院選挙では、ＭＭＴを使った超大型の財政出動を公約に掲げる「れいわ新選組」が、２２８万もの票を獲得しました。ＭＭＴをめぐっては、かなり感情的な論争となっていますが、歴史を知っている人からすると、ＭＭＴは特に驚くような話ではありません。

先ほど、戦前の日本では、日銀による国債の直接引き受けによってマネーを供給するという、量的緩和策とそっくりな政策が行われたと説明をしましたが、この政策は最終的には戦争遂行と一体化し、戦費という形で、際限のない財政出動につながっていったのです。

戦争目的の支出と、景気拡大を目的とした支出という点では大きな違いがありますが、実は、戦前の日本では量的緩和策からＭＭＴへという流れが、すでに確立していたわけです。

当時の日本が、日中戦争と太平洋戦争に費やした戦費は、国家予算の70倍（実質ベース）を超えるという巨額なものでした。こうした無理な戦費調達によって、日銀のバランスシートは肥大化し、国内ではインフレが加速していきます。

政府はとうとう、国家統制によって無理矢理、経済をコントロールするという手法に手を染めることになります。

国家総動員法が制定され、株式市場も完全に政府の統制下に入ってしまいました。統制下に入った株式市場は細々と取引が継続する状況となり、株価も暴落せず、閑散としたまま終戦を迎えることになります。

■日本が経験した準ハイパーインフレ

政策の結末がはっきりしたのは、戦争中ではなく戦争終了後でした。敗戦によって、戦争期間中に封印されてきた数々の諸問題が一気に噴出したのです。最初に直面したのは近代日本では初めての**準ハイパーインフレ**です。

太平洋戦争末期には、日本の政府債務はＧＤＰ（当時はＧＮＰ）の２００％超という、現在とほぼ同じ水準まで膨れ上がっていました。

当時の日本経済は今よりも脆弱ですから、ＧＤＰの２００％という債務水準は完全に危険水域だったのです。

また、空襲などの戦争被害によって、国内外の生産設備の多くが停止していましたから、日本経済は著しい供給制限に直面しました。この結果、終戦をきっかけに、インフレが一気に顕在化したわけです。

終戦から5年の間に、消費者物価は約30倍、卸売物価は約60倍になりました。政府は預金封鎖や財産税の徴収という非常手段を実施し、ドッジラインによる金融引き締めの強化によってインフレをなんとか沈静化させました。

この間、銀行預金を大量に持っていた資産家の多くが、インフレと政府の預金封鎖によって、財産のほとんどを失ってしまいました。

つまり戦前の日本ではインフレをコントロールすることができなくなり、最終的には国民の銀行預金のほとんどを政府が差し押さえるという非常手段で事態に対処したわけです。

では、こうした歴史を前に、私たちは今後の日本経済についてどう考えればよいのでしょうか。

■ＭＭＴは日本経済に何をもたらすか？

当初は、それなりの効果を発揮した戦前の量的緩和策ですが、暗転するきっかけとなったのは、日銀によるマネー供給が際限のない財政出動につながったことです。

戦前の量的緩和策を主導した当時の大蔵大臣である高橋是清氏は、国債の大量発行は一時的な措置であり、いつまでも続けることはできないと主張。インフレの兆候が見えた場合には、財政出動を停止するとしていました。

しかし、満州事変以後、日本は泥沼の戦争に突入し、軍部からは常に予算拡大の圧力が加わるとともに、国民もこうした拡大路線を強く支持するようになりました。

高橋氏はあくまで財政規律を呼びかけていたのですが、最終的には2・26事件によって暗殺されてしまい、日本において過度な財政支出を戒める声は消滅します。その後は、巨額の財政出動に歯止めがかからなくなり、最終的にはハイパーインフレという結末を迎えます。

ＭＭＴを支持する人たちは、インフレが発生する兆候が見られた場合には、ただちに財政出動を停止すると主張しています。実際、ＭＭＴとほぼ同様の政策を実施した戦前の日本も、インフレが予想された場合には、財政出動を停止する方針でした。

しかし現実には、財政拡大の継続を強く望む声に抗しきれず、破綻するまで財政出動を続けるという最悪の結果となっています。

もし、今後、日本が大型の財政出動を実施することになれば、まさに歴史の再現ということになりますが、こうした政策がうまくいくのかは、すべては私たちの決断にかかっています。

戦争の遂行と景気対策を同列に論じることはできませんし、今の日本経済がハイパーインフレになる確率は極めて低いでしょう。しかしながら、数%のインフレでも、それが長期間続けば、国民生活には大打撃となります。

一旦、拡大した財政を縮小することになると、関連の予算が一気に削減され、仕事を失う人や支援金などの支給を止められる人が続出します。どれだけ国民の痛みが大きくても、危険水準になる前に引き返すことができれば大丈夫ですが、そうしたシビアな決断ができない場合には、日本もインフレに苦しめられる可能性は十分にあると筆者は考えます。

STUDY

□ **預金封鎖と財産税**

終戦直後の日本において、際限なく進むインフレを阻止するために実施された非常措置。預金の引き出しを制限し（預金封鎖）、封鎖された預金に対して一定額の課税を強制的に実施した（財産税）。これによって、日本経済は破滅を免れたが、銀行に預金していた人は、資産の多くを失った。

バブルや戦争が起きたら、お金をどう動かすか

つい最近起こった出来事はよく覚えているのですが、ちょっと前のことになると、人はすぐに忘れてしまいます。さらに10年前、20年前ともなると、その記憶はかなりあやふやになってしまうでしょう。

個人の記憶もそうですが、社会としての記憶も同様です。最近の出来事については、社会としての記憶が残っており、その対処法についても共有されるのですが、少し前の話となると、途端に状況は怪しくなります。

２０１１年3月に発生した東日本大震災は、いまだに多くの人の心に傷を残したままです。しかし、１９９5年の阪神淡路大震災についてはどうでしょうか？

実際に被災した方々の中には、とても忘れられるような記憶ではない、という人もいるでしょう。

しかし多くの人にとって、東日本大震災が発生した時には、神戸の震災のことはす

っかり忘れていたというのが現実ではないかと思います。

さらに遡って1970年代の宮城県沖地震、1960年代の十勝沖地震などに至っては、その存在すら知らないという人も多いはずです。

これは株式投資の世界にもあてはまります。

■人は今の感覚で取引をしてしまう

2008年に起きたリーマンショックは、多くの人の記憶にまだ鮮明に残っているはずです。しかし2000年前後のドットコム・バブルとその崩壊、さらには1980年代のバブル経済とその崩壊については、キーワードとして知ってはいても、実感として理解できている人は少なくなっています。

株式投資で失敗する理由は様々ですが、その中のひとつに、自分が経験していない事態に遭遇して、どう行動してよいか分からなくなる、というものがあります。

バブル期の長期的な株価上昇局面しか知らない人は、バブル崩壊による株価の破壊的な下落に正常な判断力を失い、損失を拡大させてしまいました。

一方、相場の下落局面しか知らない人は、一度、相場の上昇が始まってしまうと、その勢いはそう簡単には収まらないという現実が理解できません。

このため、いつまでたっても買うチャンスに恵まれず、まったく儲けることができないという事態に陥ってしまいます。いわゆる機会損失です。

買えないだけならまだマシですが、株価が上がり過ぎだと信じて、空売りなどを行っていたら、大変なことになってしまいます。近い記憶だけに頼ることは実は、かなり危険なことなのです。

これはプロの世界でもよくある話です。

バブル経済の最中、過去の相場の感覚を引きずるベテランのトレーダーは、こんなに株価が上がるのはおかしいと考え、早々と利益確定してしまいました。しかし、新人のトレーダーは昔を知りませんから、平気で買い上がり、大きな利益を証券会社にもたらしたそうです。

新人トレーダーは、いわゆる「知らぬが仏」なのかもしれませんが、この話は、自分の感覚だけに頼ることのリスクをよく表しています。

■平和ボケをしている投資家は大損をする

株式投資が直面するリスクは単に景気の拡大・縮小にとどまりません。政治や社会の情勢が大きく変わるリスクも存在しています。

日本には「平和ボケ」という言葉がありますが、これは、政治の世界において、平和憲法に慣れきってしまった状況を揶揄《やゆ》するものです。

この言葉は、実は投資の世界にもあてはまります。

日本はしばらく戦争というものを経験していませんが、将来にわたって、戦争に巻き込まれないという保証はありません。

戦争が起こったら、果たして株価はどうなるでしょうか？

この質問について、すぐに的確に答えられるという投資家はほとんどいないでしょう。戦争はないに越したことはありませんが、長期的な視点で投資をするというのであれば、こうした事態にも備えておく必要があるわけです。

投資で重要なのは、株価よりも時間

株式投資で失敗するもうひとつの理由は、トレンドの見極めがうまくいかないことです。

先ほどの130年チャートでも分かるように、株式市場には短期・長期両面でのトレンドというものがあります。戦後の動きだけを考えても、成長期と停滞期を繰り返していることが分かるはずです。

先ほど、超長期的に見れば日本株は平均年7％程度の収益率があると述べましたが、あくまでこれは平均値です。日経平均が4万円目前だった時代に株を買ってしまった人は、30年たった今でも利益を出せずにいます。

一方、2003年の8000円割れや、2008年の7000円割れの時に買うことができていれば、わずか数年で大きな利益を上げることができたわけです。

実際、2003年に大底となり株価が数年で急上昇した局面では、日本でも数多くの億万長者が誕生しました。

長期的スタンスでじっくり構えていれば、やがて利益が出せるといっても、大きなトレンドを見誤ってしまうと、その損失を取り返すことは容易ではありません。

こうしたトレンドを正確に見極めるのはなかなか困難です。

ましてや、大底で買って、頂点で売るという行為は誰にでもできるような芸当ではありません。

しかし、長期的な株価の流れをしっかりと見ておけば、少なくとも、バブルの頂点で買って、下落の最終局面で売ってしまうという事態は避けることが可能となります。

長期的なチャートを見て分かることは、「**時間**」というものの重要性です。

株価は時として、想像を超えて上昇したり、下落したりします。世界恐慌前後に株を売買していた人は、底なし沼のような株価下落によって大変な恐怖心を味わったと考えられます。

また、２００３年の下落の時もそうだったはずです。

逆に、株価の上昇もいくらが上限なのかは、なかなか想像がつきません。これまでに説明してきたように、人間の記憶というのは非常に曖昧なものだからです。

■一旦勢いがついた相場はそう簡単に収束しない

戦後の高度成長期は、歴史を知っている現在から後講釈をすれば、株価が何十倍になってもおかしくない環境でした。しかし、その当時、自分が持っている株価が何十倍になると確信を持てた人はそうそういなかったはずです。

この話は現在の新興市場にあてはめてみれば分かるでしょう。実際、中国株では10倍、20倍という銘柄が続出していましたし、筆者も中国株ではかなりの利益を上げることができました。しかし、実際に株を持ってしまうと、なかなか平常心を保つことができません。

株が上がったら上がったで、こんなに上がったのだから、もう上値は限界ではないか、そろそろ売ってしまって利益を確定した方がよいのではないか、という感覚が頭をもたげてきます。売ってしまうと、その後、さらに株価が上昇するというのはよくある話なのです。

つまり値段だけを見ていては、その妥当性を検証することは難しいのです。しかし、時間はそうではありません。

１３０年チャートで示した長期的なトレンドを見れば、ひとつの流れは15年から20年継続することが分かります。

戦後の高度成長の相場は15年、その後の停滞も約15年、バブル経済もやはり15年ほど継続しました。その後の停滞相場は、バブル崩壊の影響が大きかったせいか、20年以上続いています。

つまり一旦、長期的な相場が形成されれば、その勢いは簡単にストップするものではないのです。ただ、逆にいうと、そのトレンドが何十年にもわたって継続することもほとんどないのです。

日本はバブル崩壊後、30年にわたる停滞を続けてきました。これは超長期チャートという視点で考えると、時間の限界点に近づいていると考えることができます。

もし日本がインフレ経済へ転換しようとしているのであれば、１３０年チャート上でも大きなトレンド転換となる可能性が高いわけです。そうだとすると、次の相場は想像以上に長く続くかもしれません。

経済は進歩しない。循環する

こうした長期的なトレンドの変化がなぜ発生するのかは、実はよく分かっていません。しかし、それを分析するためのヒントはあります。

最近ではあまり注目されなくなりましたが、かつて経済学の世界では、**景気循環論**は非常に重要なテーマでした。

景気や株式市場、社会現象に周期的な法則があることは、かなり以前から知られており、これを体系化したのが景気循環論です。しかし、数式モデルをフル活用した現代の経済理論に比べると、見栄えがよくないせいか、サイエンスとしての根拠が弱いとされ、最近ではあまり重要視されていません。

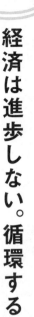

景気循環論が正しいのかは分かりませんが、**企業のビジネスモデルの変化がある種の循環を示していることは、事実といってよいでしょう。**

そして、これが株価の長期トレンドを形成するひとつの要因になっている可能性が高いのです。

■日本市場は、今、歴史的転換期を迎えている

企業の活動は人・モノ・カネといわれます。

企業は人材と資本を投入して、モノを生産したり売買したりして収益を上げています。つまり、企業は人と資本を投入してモノやサービスを生産し、それを消費者に売る存在だと考えることができます。

人をたくさん投入するのか、資本をたくさん投入するのかは、企業のビジネスモデルによって変わってきます。労働集約型のビジネスでしたら、人の割合が高いでしょうし、資本集約型のビジネスの場合には、資本の割合が高くなります。

この違いは、時代によっても変わってきます。

経済全体として資本への偏りが大きいのか、人への偏りが大きいのかが、時代によって異なっているのです。

企業全体として、人と資本にどれだけの比率で投資をするのかについて分析すると、時代によってその比率が循環的に変化していることが分かります（次ページ図）。

資本労働比率の長期的変化

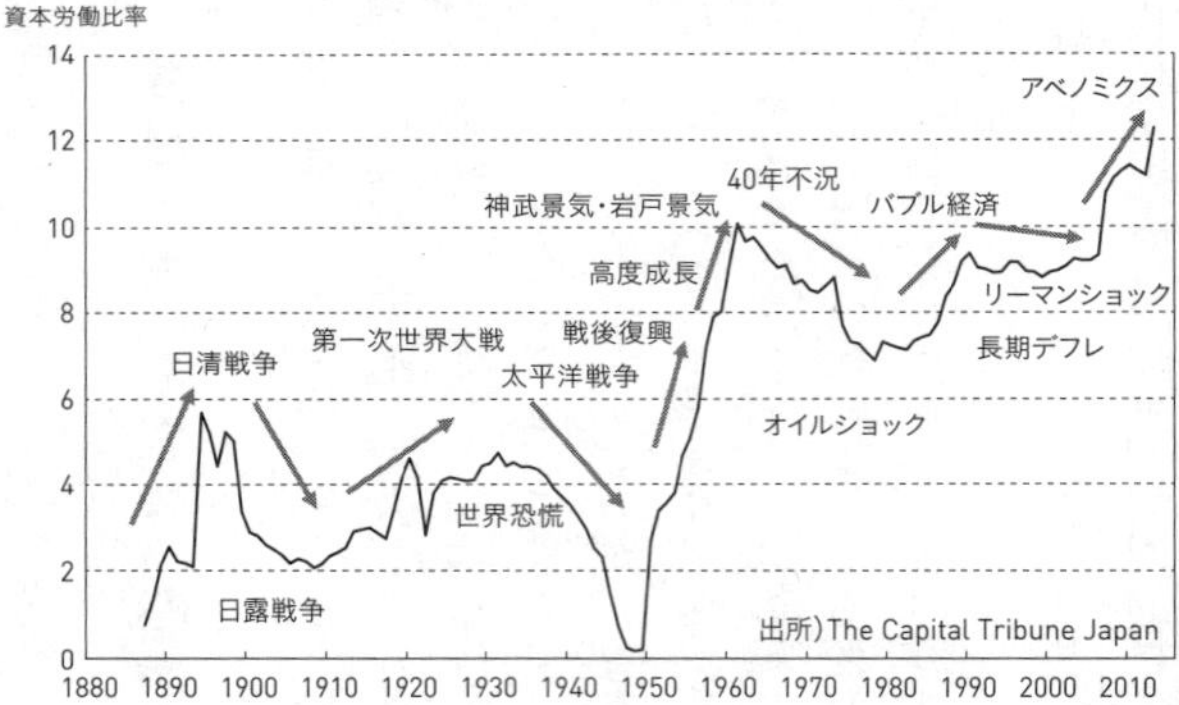

人と資本のどちらかの比率が高い方が株価に有利なのかという明確な法則性はありません。**しかし、積極的に設備投資が実施されている時には、資本の比率が上がりやすいですから、相場にはプラスである可能性が高いと考えられます。**

実際、高度成長の時には資本の比率が一貫して上昇していました。

一方、同じ資本の比率が上昇するといっても逆のケースがあります。

設備投資が横ばいで、人件費を削っている局面です。これまでの日本ではそうした時代はなかったのですが、もしかすると、今がその局面なのかもしれません。

なぜなら、このところ日本企業の資本比率が急激に上昇しているからです。

これが長期的な企業収益の拡大と株価上昇につながるのかは分かりませんが、**少なくとも、ここ数年で、日本企業を取り巻く経営環境が大きく変わったことは事実です。**

実際、非正規社員の増加やリストラなどによって、人件費を抑制する企業が増える一方、日本企業の内部留保は過去最大規模となっています。

比率のトレンドが変化する時には、企業のビジネスモデルが大きく変化している可能性が高いと考えられます。そうなると、市場環境も大きく変化しますから、株価のトレンドも変わりやすくなるわけです。

先ほど、超長期のチャートでは、そろそろトレンドの転換点に差し掛かっていると述べましたが、資本と労働の比率を見ても同じ兆候が見て取れます。

やはり、市場の長期トレンドが大きく変わる局面を迎えている可能性が高いと考えるべきでしょう。

こうした視点を持っていれば、短期的な株価の上下や業績の推移とは別の視点で市場を眺めることができるようになるはずです。

第1章のまとめ

■100年単位で見ると、株式投資は年率7%程度の収益率があり、株価は一貫して上昇が続いている

■株価には超長期のトレンドというものがあり、ひとつの流れは15年から20年程度継続することになる。トレンドに逆行してはいけない

■歴史は繰り返すことが多いので、過去の事例からある程度、将来を推測することが可能である

■相場は株価よりも時間を重視すべきである。株価は想像を超えて上下するが、時間が大きくズレることはない

■歴史から考えると、アベノミクスは株高と好景気をもたらす可能性が高いが、インフレの弊害も大きくなることが予想される

第2章

インフレ時代を前に
知っておくべきこと

米国が世界で一人勝ちし続ける理由

第1章では、日本経済が大きな転換点に差し掛かっている可能性が高く、株式市場のトレンドも変化する可能性が高いと述べました。

日本経済が再び高い経済成長を実現できるのかは分かりませんし、誰もそれを正確に予測することはできないでしょう。しかし、少なくとも、これからの時代はインフレになる可能性が高いということだけはいえると思います。

日本がインフレになる理由は主に以下の2つです。

①米国経済が好調でドル高になる可能性が高いこと
②日本の経常赤字化がほぼ確実であること

今、世界経済は米国がほぼ一人勝ちの状態です。米中貿易戦争など不安材料はたくさんありますが、米国経済の活況はしばらく続くと考えた方がよさそうです。

２００８年のリーマンショックは、全世界に大きな衝撃を与えました。日本や欧州はいまだにその傷から癒えていません。

リーマンショックは、米国の不動産バブルが引き金ですから、まさに米国が震源地といえます。しかし、１００年に1度のショックを起こした張本人は、ＦＲＢ（連邦準備制度理事会）による積極的な量的緩和策などによって、さっさと危機から脱却し、再び世界経済のリーダーとなっています。

日本や欧州、さらには新興国に大きなダメージを与えておいて、自分だけは危機からおさらばというのは、心情的には許せないものがあるかもしれません。しかし、これが世界経済の現実の姿です。**基礎的な体力のある国は、危機に陥っても、回復が早いのです。**

米国は危機から立ち直ったというだけでなく、ファンダメンタルズ（経済の基礎的条件のこと）において、非常に有利な条件が揃っています。それは、石油の自給と人口の増大です。

米国ではここ10年の間にシェールガスの開発が急速に進みました。

シェールガスとは、岩盤層に含まれる天然ガスや石油のことなのですが、これまでは高い採掘コストがネックになってあまり注目されていませんでした。

しかし最近、新しい採掘技術の開発が相次ぎ、シェールガスが低コストで採掘できるようになってきました。これによってシェールガスは、次世代の主力となるエネルギー源としてにわかに注目を集めるようになったのです。

実は、米国は世界でも有数のシェールガスの埋蔵量を誇っています。いまや、米国はサウジアラビアを抜いて世界最大の産油国となっており、米国は基本的にエネルギーを外国に頼る必要がなくなりました。

米国経済は、経常赤字と財政赤字という、いわゆる双子の赤字を抱えているといわれてきました。米国の経常赤字は一時、年間8000億ドル（約84兆円）にも達しており、これが米ドルの価値を大きく引き下げていました。

しかし、米国の経常赤字は、このところ劇的に回復しており、2018年は約半分強の約4700億ドル（50兆円）程度に収まっています。

米国は毎年2000億ドルもの石油を輸入していますから、米国の経常赤字のかなりの部分が石油の輸入で占められています。今後、米国は石油を中東に頼らなくても生きていけるわけですから、その気になれば、石油の輸入量は大幅に減らせるはずです。実際には外交政策上、石油の輸入を継続する可能性が高いですが、実質的には経常収支についてそれほど気にする必要はなくなると考えられます。

トランプ大統領は輸出産業への配慮から、強いドルは望んでいないようですが、エネルギーの自給は、大きなドル高要因といってよいでしょう。

■米国は先進国で唯一、人口が増え続ける

もうひとつの要因が人口です。

国連経済社会局が発表した世界人口展望によれば、現在約77億人の世界人口は、2050年には97億人になり、2100年には110億人に達する見込みです。

ただ、その伸びは地域によってバラバラとなっており、もっとも高い伸びが期待されるのがアフリカで、その次がアジアとなっています（アジアは途中までは大幅に人口が増えますが、その後、減少に転じる見込みです）。2100年の時点では、アジアとアフリカだけで世界人口の9割を占めることになります。

一方、先進各国は総じて、人口が横ばいか減少となります。日本がその中でも、突出して人口減少が著しいことは、皆さんよくご存じでしょう。

そうした中、先進国においてひとつだけ例外があります。それが米国です。

米国は現在、3・3億人ほどの人口がありますが、米国の人口は今後も増え続けると予想されていて、2100年には4・6億人に達する見込みです。

米国は移民が多く、今も年間100万人規模の移民を受け入れています。移民は、若年層が多く出生力も高いことで知られています。このため、米国は先進国では例外的に出生率が下がらず、今後も人口が増え続けるのです。

人口が増えることの最大のメリットは、それだけでGDP（国内総生産）のプラス要因となることです。

経済成長をモデル化するにあたっては、一般的に生産関数という考え方が用いられます。それによると、経済成長を決定する基本要素は3つしかありません。ひとつは労働、もうひとつは資本、最後がイノベーション（技術革新）です。

しかもイノベーションは、最初の2つの要素で説明ができない部分を補うものですから、基本的に経済成長とは、労働と資本の2つで決定されるということになります。労働は人口を代理変数として用いることができますので、簡単にいってしまえば経済成長は人口とお金の2つで決まるというわけです。

つまり、恒常的に人口が増加する米国は、黙っていても一定の経済成長が見込めます。これに加えて、米国は世界で最もイノベーションが活発な国です。

トランプ大統領の就任以降、米国経済の不確実性が高まったのは事実ですが、相対的には、他国と比較して高い成長を維持できる可能性が高いことがお分かりいただけると思います。これは長期的にはドル高要因といってよいでしょう。

STUDY

□ 経済成長モデル

経済成長率は、労働の増加率と資本ストックの増加率で決まるとする現代経済学の理論。労働と資本の増加を超えて成長した分については、イノベーションで生産性が向上したと考える。逆にいえばイノベーションが継続して発生していれば、人口減少をカバーできることになる。

日本が将来、経常赤字国になる可能性は高い

好調な経済と人口増加、エネルギーの自給による経常収支の改善など、好材料が続く米国と対照的なのが日本経済です。

現時点において日本の経常収支は黒字ですが、日本は産業構造の転換期に差し掛かっており、今後、経常赤字になりやすい状況にあります。

経常収支が赤字になることは、日本の経済成長にとって必ずしもマイナスとは限りません。しかし、経済がどのような形で推移するにせよ、人口減少と高齢化が進む以上、経常収支が悪化する前提で物事を考えたほうがよいでしょう。

為替市場では、経常赤字は円安要因となります。もちろん、それだけで円安になるわけではありませんが、一方の米ドルは上昇する余地が大きくなっています。それとペアになる日本円は下落する可能性が高くなります。

円安の進行は、輸入物価の上昇をもたらし、最終的な物価の上昇圧力となります。

物価の上昇は円安要因ですから、これは相乗効果をもたらすことになるでしょう。こうした理由から、日本は今後、インフレが進む可能性が高いと考えられるのです。

■日本の経常赤字化はほぼ必然

よく知られているように、日本は戦後一貫して、製造業による輸出で経済を成り立たせてきました。工業製品の圧倒的な国際競争力を背景に日本メーカーは輸出に邁進し、毎年10兆円以上の貿易黒字を確保してきたのです。

1990年代に入ると貿易黒字に加えて蓄積した外貨の運用益がプラスされ、ピーク時には経常黒字が25兆円に迫る状況となっていました。しかし、その背後で、日本企業の競争力低下が徐々に進み、貿易黒字もそれに歩調を合わせる形で、徐々に減少していきます。

2005年には投資収益額（所得収支）が貿易黒字額を上回り、2011年にはとうとう貿易収支が赤字に転落しました。

本来であれば、このまま経常収支も赤字になるところですが、日本には過去の輸出で蓄積した膨大な額の外貨があり、グローバルな金融市場の発達によって、その運用益は年々増加しています。現在、日本の経常収支が黒字で推移しているのは、貿易赤字を投資の運用益でカバーしているからであり、日本はもはや貿易ではなく、投資収益で国を成り立たせているのが実態なのです。

しかし、貿易赤字は今後、増えることはあっても減る可能性は低いと考えられます。日本最大のメーカーであるトヨタはすでに半分以上の自動車を海外で生産していますし、ホンダも主力商品を海外生産に切り換え、国内に逆輸入する方針を固めています。この傾向は今後、さらに拍車がかかるでしょう。

しかも日本では、高齢化の進展と年金の減額が予想されており、高齢者が貯蓄を取り崩す可能性が高まっています。マクロ経済の理論上、財政赤字の水準が同じであれば、貯蓄の取崩しは経常収支を悪化させる原因となります。つまり、日本は構造的に経常赤字になりやすい体質に変化していると考えるべきなのです。

経常赤字ということは、常に実需において円売りのニーズが存在することを意味していますから、経常収支の赤字化は、基本的に円安要因と考えるべきでしょう。

マスメディアなどでは、日本の経常収支が赤字になることについて、日本の国益を損ねるといった論調も目にします。しかし、経常赤字に転落することが、日本経済や日本の株式市場にとって必ずしもマイナスになるとは限りません。経常収支とその国の経済成長には直接的な関係はないからです。

ＧＤＰはあくまでその国が一年間に生み出した付加価値の合計として表されます。経常収支が赤字ということは、付加価値が低いものは日本国内では生産せず、海外から購入しているということを意味しています。

また日本国内の需要が大きく、国内の生産ではカバーできないため、これが輸入拡大につながっていると解釈することもできます。

ある程度成熟した先進国になれば、経常赤字体質になるのは、ある種の必然であり、それに合わせた産業構造を作っていけば、高い経済成長を維持することが可能です。つまり、経常収支と経済成長は直接関係しないわけです。

日本がこれから、経常収支が赤字になり、円安になっていくのだとすると、海外への投資が有利になってきます。ソフトバンクは、米国3位の通信会社であるスプリントを2兆2000億円で買収しましたし、サントリーは米国のスピリッツ大手ビーム社を1兆6500億円で買収しています。海外の利益を取り込めるこれらの企業は、経常赤字と円安の時代にも高い時価総額を維持できる可能性があります。

貯金好きな日本人を飲み込むインフレの波

日本人の多くはデフレの世界にすっかり慣れ切ってしまっており、インフレの怖さを忘れています。

確かにデフレの時代は不景気とセットになっているので、給料も上がらず、生活が楽にならないイメージがあるかもしれません。**しかし、本格的にインフレが始まった場合の生活の苦しさはデフレの比ではないのです。**

インフレ時代には資産運用や資産防衛についても、根本的に考え方を変える必要が出てきます。

日本人は貯金が大好きな国民として知られていますが、インフレの時代において現金は禁物です。何らかの形で物価の上昇をカバーするような商品に投資していないと、何もしなくても、自身の資産を減らすことになってしまいます。

同じインフレの進行といっても、いろいろなパターンがあります。

現在の米国や英国のように、経済成長を伴った形でのインフレであれば、それほど気にする必要はありません。多少のタイムラグはあるかもしれませんが、給料は物価を追いかける形で上昇していきますし、株価や不動産価格も同じように上昇していくからです。

場合によっては、株価や不動産価格はインフレを先取りした動きになりますから、タイミングを間違わなければ、インフレ率以上の利益を上げることができるかもしれません。

問題なのは、インフレは進むものの、経済成長が伴わない状況となった場合です。いわゆるスタグフレーションです。

スタグフレーションが発生してしまうと、物価は上がるものの、GDPが増えませんから、経済は活発になりません。物価が継続的に下落するデフレの時代であれば、企業は販売数量を維持するため、商品の値段を下げることで対応します。過去20年間の日本はそのような状況でした。

しかしスタグフレーションの時代はそうはいきません。原材料費が値上がりしているので、企業は商品の値段を下げることができません。内容量を減らすといった実質的な値上げが相次ぎ、一部の商品は、販売不振であるにもかかわらず値上げが実施されることになります。

企業の利益は増えませんから、従業員の給料も当然上がりません。給料が増えない中、商品の値上げが相次ぎ、ますます商品が売れなくなって企業の経営が苦しくなる。スタグフレーションではこのような悪循環が起こってしまうのです。

■投資家はスタグフレーションの発生を想定する

日本がインフレ経済に転換するとして、当然望ましいのは、順調な経済成長を伴った健全なインフレです。しかし、アベノミクスが大成功して、日本がこうした形でインフレに移行できるのかは、まだ判断できる状況にありません。しかし、投資家として行動する以上、常に最悪の展開を頭にいれておく必要があります。

先ほど説明したように、世界的なドル高傾向、日本の経常赤字化など、マクロな状況を総合的に判断すると、健全な形であれ、そうではない形であれ、インフレに移行する可能性は高いと考えることができます。

そうなってくると、もしアベノミクスがうまくいかず、日本が持続的な経済成長を実現できなかった場合には、スタグフレーションが発生する可能性が高くなってくると考えるべきでしょう。

したがって、基本的な投資戦略もスタグフレーションの発生を前提にしたものにしておくのがよさそうです。幸いにしてアベノミクスが成功した場合には、ほぼ確実にインフレは進行することになります（意図的にインフレを起こすのがアベノミクスの本質）から、おおよその投資スタンスに変化はありません。

では、スタグフレーションが発生した場合には、株価などはどのような動きを見せることになるのでしょうか？

STUDY

□ **スタグフレーション**
不況であるにもかかわらず物価が上昇する状態のこと。スタグネーション（停滞）とインフレーション（物価上昇）の合成語。70年代の米国や英国で見られた現象。アベノミクスに否定的な立場の人は、日本でも今後、スタグフレーションが発生すると予想している。

70年代の米国に学ぶ スタグフレーション下の投資銘柄

スタグフレーションというと、まず思い浮かぶのが1970年代の米国です。当時の米国や英国は低成長とインフレに悩まされており、この時、初めてスタグフレーションという言葉が使われました。

米国がスタグフレーションに陥ったきっかけは、ベトナム戦争による財政危機、製造業の競争力低下、そしてオイルショックによる石油価格の上昇です。

60年代までは圧倒的な競争力を誇っていた米国の製造業ですが、70年代に入ると日本メーカーなどの追い上げによって、次第に国際的な競争力を失っていきます。それに伴って米国経済の成長も鈍化するようになっていきました。

一方、ベトナム戦争の泥沼化で財政危機が表面化、米国内の金が海外に流出してしまったことから、ニクソン政権は突如、ドルと金の兌換《だかん》（引き換え）を停止し、ドル防衛のために管理通貨制度に移行してしまいます。いわゆる**ニクソン・ショック**です。

これに追い打ちをかけたのが、オイルショックによる原油価格の上昇でした。1970年から1980年にかけての10年間に、米国の消費者物価は約2倍に上昇しました。年率に換算すると7・5%ですからかなりの物価上昇率です。

同じ期間における実質GDPの成長率は平均3・1%でした。今の感覚からするとそれほど悪い数字ではありませんが、それまでの米国が平均4%台の成長を続けていたことを考えると大きな落ち込みでした。

経済成長率が鈍化しているにもかかわらず、物価の上昇が進みましたから、これをスタグフレーションと呼んだわけです。

■物価上昇に勝てる成長企業

この時、米国の株価はどのように推移したのでしょうか？

ダウ平均株価は、600ドルから1000ドルの間を行き来する、いわゆるボックス圏相場でした。70年代の前半は物価上昇に伴って株価も上昇していたのですが、その後、米国企業の競争力低下が顕著になってくると、株価はもとに戻ってしまいます。現金よりはマシですが、大きく儲けるという状況ではありません。

米国70年代スタグフレーション時の主要銘柄の値動き

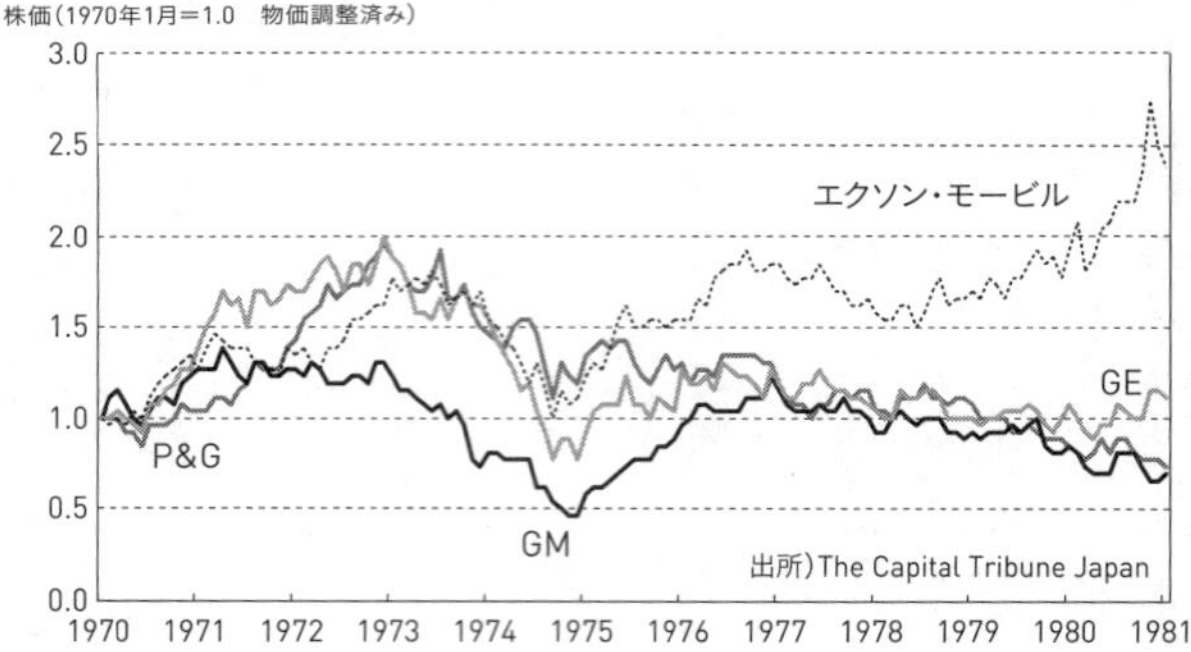

では、個別銘柄の動きはどうだったのでしょうか？

図は、米国を代表する4銘柄の当時の株価推移を示したものです。

具体的には、生活必需品としてP&G、資源株として石油メジャーのエクソン・モービル、製造業として重電大手のGE（ゼネラル・エレクトリック）、自動車大手のGM（ゼネラル・モーターズ）を取り上げています。

分かりやすいように物価の影響を考慮した実質の株価騰落率となっています。

最もパフォーマンスがよかったのは、オイルショックによる石油価格上昇の恩恵を受けたエクソン・モービルでした。同社の株価は物価を考慮しても2倍になりました。

あとの銘柄は、当初は調子がよいものの、インフレの影響が深刻化してくると、結局株価はもとに戻っています。特にGM株は一時的にかなり売り込まれました。

GMが低迷した理由は、企業としての競争力低下がGEよりも激しかったこと、国内の販売が中心でドル下落の恩恵をあまり受けなかったこと、などが考えられます。

P&Gは生活必需品ですから、価格帯が高い製品を扱うGMよりはインフレに対する耐性が高かったと思われます。GEはグローバルに製品を展開している点で有利だったのでしょう。

ただ、4社とも株価が物価の上昇に対しては追い付いていたという意味で、資産防衛の約割は十分に果たしたと考えるべきでしょう。

これを教訓とするならば、**ある程度の基礎体力があり、グローバルに展開している、あるいは需要が減らない商品を扱っている企業の株を買えば、スタグフレーションから資産を防衛することは可能だ**ということになります。

これを日本企業にあてはめるなら、トヨタ、ソフトバンク、LIXIL、花王といった銘柄が該当するかもしれません。

日本が初めて経験した準ハイパーインフレ

インフレがさらに進行し、その国の財政状況に対して市場から疑問符が突きつけられると、インフレは一気に加速します。最悪の事態になると、いわゆる**ハイパーインフレ**と呼ばれる状況に突入することになります。

ハイパーインフレの代表的な例としては、第一次世界大戦後のドイツがあります。インフレ開始からある程度物価が落ち着くまでの5年間に、ドイツの物価は約1兆倍にもなりました。

太平洋戦争後の日本も、ハイパーインフレとまではいかなくても、かなり深刻な準ハイパーインフレともいうべき状況を経験しています。

第1章でも述べたように、**太平洋戦争末期には、日本の政府債務はGDP（当時はGNP）の200％という、現在とほぼ同じ水準まで膨れ上がっていました。**

経済的な体力を無視して、国債の無制限な発行によって巨額の戦費を調達したのがその原因です。

敗戦が確定し、これらの戦費は返済のメドが立たなくなりました。また、戦争被害によって、日本では生産能力のほとんどが失われていましたので、激しいインフレになるのは必至だったわけです。

完全なハイパーインフレだったドイツに比べれば、穏やかですが、それでも、終戦から5年の間に、消費者物価は約30倍、卸売物価は約60倍に跳ね上がっています。国民生活は大混乱となってしまいました。

■日本政府はたくさんの資産を持っているというが

現在の日本は、太平洋戦争末期と同じ水準の政府債務を抱えており、財政問題は非常に深刻な状況にあります。

もちろん、当時と今とでは、日本経済の基礎体力が違いますから、今の日本の財政状況が即危険水域と判断するのは早計でしょう。

しかし、国際的に比較しても、日本の財政状況の悪さは突出しています。

現在、日本の政府債務のＧＤＰ比は、政府が保有する資産と相殺したネットの数値で約１４０％、資産を相殺しないグロスでは約２５０％となります。

グロスの比較では、米国が約１００％、ドイツが約70％ですから、日本の債務水準が突出して高いことが分かります。

国内では、日本政府は多くの資産を保有しているので何の問題もないという意見がよく聞かれます。しかし実態をよく検証すると必ずしもそうとは言い切れません。資産を差し引いたネットでの比較でも、日本の政府債務の水準はやはり高いのです。１４０％の日本に対して、米国は80％、ドイツは50％です。

しかも、日本政府が保有しているという資産のうち、かなりの割合が、独立行政法人や地方自治体への貸し付け、港湾や橋梁《きょうりょう》などで占められています。これらの中には返済可能性や資産価値が怪しいものが多数含まれます。

外貨など換金性が高く、現実的に価値のある資産はそう多くありません。やはり日本の財政状況は深刻であると考えた方が自然でしょう。

現在、日銀が量的緩和策を実施していることもあり、国債の価格が一気に値崩れする可能性は低いと考えられます。日本が戦争直後と同じような形で財政破たんするリスクは少ないでしょう。

しかし、長期的にはどのような事態が発生するのか予測がつきません。やはり投資家としては、過度にインフレが進む可能性も考慮に入れておくのが正しい姿といえます。

激しいインフレが進んできた場合、国家はこれを収束させるために、あらゆる非常手段を行使します。場合によっては、資産の実質的な没収につながってしまいますから、投資家は十分に注意しておく必要があります。

また、こうした非常手段がなかった場合でも、現金はすぐに紙切れになってしまいます。資産を防衛するためには、適切な手段で投資をすることがどうしても必要となるのです。以下ではそのあたりについて説明したいと思います。

STUDY

□ ハイパーインフレ

猛烈な勢いでインフレが進む状態のこと。経済学的にはいくつか定義があるが、よく使われているのは月率50%（1年で物価が約130倍）を超える物価上昇率のこと。第一次世界大戦後のドイツが有名だが、近年でもジンバブエなどで発生している。

不動産は最強のインフレ対策か

それでは、インフレの時代においては、どのようにして資産を守ればよいのでしょうか？

インフレ時代には、物価上昇に合わせて価格が上昇する商品に投資することが基本となります。具体的には、株式、不動産、金、外貨などが想定されます。

インフレ時代の資産運用といえば、まずは不動産というイメージがあるかもしれません。確かに不動産は、物価に沿って価格が上昇していくのでインフレヘッジの投資対象となります。

■インフレの仕組みを知り尽くした男

実際、戦後日本の準ハイパーインフレの時代には、不動産投資で莫大な資産を築い

た投資家が大勢います。日本の不動産王といわれ、現在の西武グループの基礎を築いた堤康次郎氏などはその典型です。

堤氏は、その強引な経営手法から「ピストル堤」などと呼ばれていたのですが、彼の息子で、セゾングループ創業者の堤清二氏は、ペンネームで書いた自らの小説において、康次郎氏のことを批判的にこう表現しています。

> **親切が仇になるというのを忘れるな、皆をこの屋敷内に入れたら此処は取られてしまうぞ。家は燃えてもいい、然し土地は絶対に譲ってはならんぞ。**
>
> **辻井喬『彷徨の季節の中で』**

これは太平洋戦争における東京大空襲のシーンです。

康次郎氏は大政翼賛会の推薦で政治家になった人物で、一時は戦争加担で公職追放も受けています。しかし、戦争中、すでに日本の敗戦と、その後のハイパーインフレによる土地価格の高騰を完璧に予測していました。

康次郎氏は空襲で皆が避難する中、燃えさかる都心に残り、焼け出された人が助けを求めて自分の土地に入ってこないよう、徹底的に見張れと、息子の清二氏に命令しているわけです。

堤氏のこうした非情な側面は、実際にインフレが発生してから、いかんなく発揮されます。康次郎氏が財をなすきっかけのひとつとなったのが、現在のプリンスホテルの展開なのですが、これはインフレの仕組みを100％利用し尽くした方法だったのです。

堤氏は、戦後、臣籍降下に伴い経済的に困窮していた旧皇族をターゲットに、長期分割払いでの土地売却を持ちかけたのです。**インフレで土地の値段は跳ね上がるものの、支払いは長期の分割なので、全額を支払い終わる頃には、実質的な返済額はゼロ円になっています。**

堤氏にとってみれば、値上がり確実な超一等地を、タダ同然の価格で手に入れたことと同じになります。まさにインフレの仕組みを知り尽くしていたからこそ、実現できた手法といえるでしょう。

経済状況に疎い旧皇族はこのカラクリを見抜けず、今日の現金欲しさに、みすみす土地を手放してしまったわけです。このようにして旧皇族から、かなり強引な手法で手に入れた土地に、堤氏は、こともあろうに「プリンス」と名のついたホテルを建てたわけです。

■土地神話は崩壊したが

インフレが進んだ場合には、借金をして土地を買った人が有利という図式は今も昔も変わりません。すでに、今後のインフレを見越して、借金をして不動産を買っている投資家もいるようです。

基本的に不動産に投資するという考え方は間違っていませんが、現在は当時とは少し状況が異なりますから注意が必要でしょう。

かつて日本には不動産神話というものがあり、一等地の地価は下がらないと考えられてきました。しかし現在では、その神話はほとんど通用しなくなっています。

これからの不動産価格は、賃貸した場合にどの程度の収益が得られるのかという収益還元法によって決定されることになるからです。

もともとの地価が高いところでも、利便性が低かったり、人口が減ってくる地域の場合、不動産価格は下がってしまう可能性がありますから、土地に対して過剰に信頼するのは避けた方がよさそうです。

実物の不動産が持つこうしたリスクを避けるために、高い収益力を持つ優良不動産ばかりを集めた**REIT（不動産投資信託）**など、金融商品を通じて不動産に投資をする方法もあります。

REITは、その収益のほとんどを投資家に還元することが義務付けられており、金融商品としては非常に優れたものです。REITで構成される物件と同じようなポートフォリオを個人で実現することは、かなりの資産家でも不可能です。

ただREITの場合、信用取引を利用するしか、レバレッジをかける方法がありません（REIT自体にもレバレッジはかかっていますが）。しかし、資産防衛という意味合いが強いのであれば、REITは有力な投資対象になると考えてよいでしょう。

STUDY

□ REIT（不動産投資信託）

投資信託の一種。投資家から集めた資金で、オフィスビルや商業施設などの不動産を購入し、賃貸収入や売買益を分配する商品。一定の条件を満たせば証券取引所に上場することができ、一般的な株式と同様に自由に売買できる。

ハイパーインフレで何が起きるのか

インフレにおけるもうひとつの有力な投資対象である株式はどうでしょうか?

本章では、インフレが進行した場合、株式は基本的には物価と同じ動きをするので、資産防衛に役立つと説明してきました。これは激しいインフレ下でも同様で、最終的には株を持っていれば、物価の上昇をヘッジすることが可能です。

しかし、激しいインフレが進んでいる最中には、かなりの経済的混乱も同時に発生している可能性が高いと考えられます。そうなってしまうと、株価がスムーズに形成されないというリスクが出てきます。つまり、最終的にはインフレに追い付くにせよ、そこにはタイムラグが発生することになるわけです。

これは不動産でも同じことなのですが、このタイムラグの発生には十分注意する必要があります。**一方でこのタイムラグの存在は千載一遇のチャンスでもあります。時間差を利用して、より大きな利益を得ることが可能となるからです。**

■物価に比べて動きの鈍い株式の値動き

日本の株式市場は終戦の日を境に、しばらくの間、取引を停止していました。市場関係者は早期の取引再開を望んでいたのですが、GHQ（連合国軍最高司令官総司令部）が「証券市場は十分に民主化されていない」という理由で再開を許可しなかったことから、再開までの期間が長引いてしまったのです。

最終的に新しい組織である東証が取引を開始するのは、1949年になってからですので、終戦からすでに4年の歳月が経過していたわけです。しかし現実には、市場外で相対の取引が行われており、平均株価の算出も行われていました。要するに、すべての売買が、今でいうところの店頭取引になっていたという状況です。

当時の株価を見ると非常に興味深いことが分かります。

平均株価は終戦から4年の間に最大で約7倍に上昇しています。先ほど消費者物価は30倍に上昇したと書きましたが、この指数のデータには、戦時中から続く価格統制によって不当に安く抑えられていた商品が含まれています。

現実には、闇市など自由市場でしかモノは手に入らず、そこでの価格はとっくの昔に高騰していました。このため、現実的な物価上昇は、4年間で約5倍といったレベルであり、これを基準にすれば、株式投資はインフレのヘッジに成功したということになります。

しかし、物価の動きと株価の動きを比較すると、そこには大きなタイミングのズレが生じています。株価の動きは物価に比べて遅いのです。

戦後、物価がどんどん上昇していく中、株価は同じ水準での取引が続きました。これにはいくつかの理由があります。

企業の中には、空襲などで設備が破壊されているところがあり、業績の低迷が予想されていました。修復しようにも極端な物資の不足でそれもままならなかったのです(戦争中は国家総動員体制による国家からの利益補塡でこうした経営危機は表面化しませんでした)。

また株式を持っている投資家の中には、日々の現金に窮してしまい、株式を手放す人も少なくありませんでした。これがかなりの売り圧力になったのです。

後から考えれば非常にもったいないことなのですが、目先の生活を優先してしまったのか、あるいは、西武グループの堤氏に土地を売ってしまった旧皇族のように、インフレのメカニズムを理解できなかったのかもしれません。

■ドイツで起きた株価と不動産価格のタイムラグ

同じ現象は、ハイパーインフレになったドイツでも見られました。

当時も自動車メーカーのダイムラーはドイツを代表する企業のひとつでした。いくらドイツがハイパーインフレで混乱しているといっても、フランスやイギリス、米国はいつも通りの豊かな生活を満喫しています。彼等は当然のようにダイムラー製の自動車を欲しがりますから、生産は通常通り行われていました。

しかしダイムラーの株主の中には、毎日の生活資金に窮してしまい、株を手放す人が多かったようです。このためハイパーインフレであるにもかかわらず、ダイムラーの株価は暴落してしまいます（見かけ上はインフレですから上昇していますが、物価を考慮した実質株価では大幅なマイナスとなっていました）。

しかし、結局のところ同社の株価は最終的にはインフレに追い付きます。

この時に、底値でダイムラーの株を買った投資家は、インフレが収束した頃には莫大な利益を得ていたわけです。

同じように、ドイツ国内の優良不動産も、しばらくは破格の値段で放置されていました。この間に、こうした物件を取得できれば大きな利益を得られたわけです。

戦争前後の日本では、為替取引が制限されていましたが、ドイツの場合には、為替は自由に取引できました。当時のドイツの記録を見ると、ハイパーインフレが発生した場合には、おおよそ以下のような順番で価格が上昇します。

①為替　②金　③物価　④不動産　⑤株価

インフレの激化が予想される時には、まず為替でリスクをヘッジし、自身の資産を保全した上で、不動産や株価などで割安なものを発見した場合には、そこに投資をするという方法が有効と考えられます。

第2章のまとめ

■アベノミクスが成功しても失敗しても、日本ではインフレが進む可能性が高い

■投資家はスタグフレーションやハイパーインフレという最悪の事態にも備えておくべきである

■インフレが進む時は、グローバル企業、生活必需品、不動産などの分野で体力のある企業に投資するとよい

■不動産はインフレ対策として有効な投資対象となるが、収益性の低い物件の場合には注意が必要となる

■インフレが激しくなると、経済が混乱するため、株式や不動産が安値で放置される可能性があり、場合によっては絶好の投資のチャンスとなる

第3章

戦争と株価の不都合な真実

戦争が起きたら、お金はどう動くのか

「戦争とは他の手段をもってする政治の継続である」というのは、18〜19世紀ドイツの軍人・軍事学者クラウゼヴィッツの『戦争論』における有名な一節です。

戦争は人の命が失われますから、あってはならないことなのですが、その本質は通常の政治の延長線上にあるという、非常に冷徹な考え方です。

戦争が通常の政治の延長線上であるならば、戦争は通常の経済活動の延長線上であると解釈することもできます。実際、戦争は経済活動であり、戦争によって株式市場も大きく動くことになります。

■戦争は常に起きている

戦争と経済、そして株価には密接な関係があるわけですが、私たち日本人は平和な時代が長く続いたせいか、戦争に関する基本的知識がほとんどありません。

しかし歴史を見れば分かるように、平和な時代などというものは、実はほとんど存在しません。常に地球上のどこかで戦争が起こっており、日本がそれに巻き込まれないという保証はないのです。**本気で長期的な投資を実践することを考えた場合、戦争の問題を避けて通ることはできないでしょう。**

戦争に多額の費用がかかることは、何となく皆が知っています。しかし、実際、どの程度の金額が必要となるのか、具体的にイメージできる人は非常に少ないのではないでしょうか？

戦争と株価を考える時には、まず戦争というものが、どの程度の経済的インパクトを伴うものなのか知る必要があります。そのためには、戦争にかかる経費というものを知っておく必要があるでしょう。

日本は太平洋戦争で無条件降伏し、一時は国の存続さえ危ぶまれる状況に陥りました。まさに総力戦だったわけですが、太平洋戦争にかかった経費は天文学的レベルです。日中戦争と太平洋戦争に費やした戦費の総額は、当時の金額で約1900億円といわれています。日中戦争開戦当時の国家予算（一般会計）は27億円程度ですから、戦費総額は国家予算の70倍を超えるという途方もない数字です。

第1章でも少し触れましたが、この数字の中には、アジアの占領地域に設立された日本の国策金融機関が現地通貨を直接発行して用立てた戦費が含まれています。これらの通貨は戦争末期には紙切れ同然になり、各国ではハイパーインフレになっていましたから、実質ベースでの金額はもっと少なかったかもしれません。それでも国家予算の70倍という数字は異常というよりほかありません。

■無理なく行われた日清・日露戦争

これは日本が勝利した戦争である日清戦争や日露戦争、同じ太平洋戦争でも、勝利した側である米国の戦費と比較すると一目瞭然です。先ほど太平洋戦争の戦費は1900億円と説明しましたが、この数字は当時のGDP（国内総生産、当時はGNP）の8・5倍です。

日清戦争の戦費は約2億3000万円、日露戦争の戦費は約18億3000万円でした。GNP（国民総生産）との比較では、日清戦争は0・7倍、日露戦争は0・6倍となっています。今の日本に当てはめると、約300兆円から350兆円となります。

今の日本の一般会計予算は約100兆円ですから、確かに巨額の出費ではありますが、国家予算の3倍ですので、調達が不可能な数字ではありません。

一方、太平洋戦争の敵国であった米国の様子はどうだったのでしょうか？

第二次世界大戦は、米国にとっても極めて負担の重い戦争でした。米国が使った戦費総額は約3000億ドル、開戦当時の米国のGDPは920億ドルですから、GDP比は3・2倍となります。ただ、相対的に見ると、米国は日本の半分以下の負担で戦争をしていた計算になります。しかもこれには、対ドイツの戦争費用も含まれていますから、日本との戦争に費やした費用はさらに少なくなります。

当時の購買力平価に基づいた米国のGDPは日本の約5倍もありました。常識的に考えてこれでは日本側に勝ち目がないのは明らかといえるでしょう。

ちなみに、第二次世界大戦後、米国は朝鮮戦争、ベトナム戦争、湾岸戦争、イラク戦争という4つの大きな戦争を行っています。しかし、そのすべての戦争における戦費負担は、GDPの15%以内に収まっています。

これらを総合して考えると、**国が存亡をかけて総力戦を行うという特殊な例を除くと、おおよそGDPと同程度までというのが戦費の限界となりそうです。**特に現代の先進国は国民を飢えさせながら戦争をすることはできません。GDPの10%程度というったあたりが、一般的な戦費の目安になると考えてよいでしょう。

対ＧＤＰ比で軍事力の限界が分かる

戦争とお金に関するおおよその規模感が分かってくると、現在の世界情勢に対する認識もかなり変わってくるはずです。

２０１４年、ロシアがウクライナのクリミアを制圧したことで、国際社会はロシアに対して制裁を実施しました。ロシアは軍事大国というイメージがあり、プーチン大統領はさらなる軍事的な進出を狙っているのではないかとの見方もありました。しかし、戦争とお金に関する知識があれば、必ずしもそうではないことが分かってくるはずです。

■米国に比べて赤子同然のロシア

ロシア経済は実は非常に脆弱であり、ロシアのＧＤＰは、２００兆円程度しかありません。これは米国の7分の1、日本の半分以下という水準です。しかもロシアには目立った産業がなく、天然ガスくらいしか国外に輸出して外貨を稼げる手段がありません。ロシアの輸出額は年間40兆円ほどなのですが、その多くが天然ガスなのです。しかも、ロシアの経常黒字は3兆円しかありません。

北朝鮮のように、多くの国民が飢えている国を除けば、その国が支出できる軍事費の総額は、GDPの水準によっておおよそ決まってきてしまいます。

ロシアの軍事費は約9兆円なのですが、これは同国のGDPの4・5%を占めます。これに対して米国の軍事費は68兆円もあり、GDP比でいくとやはり4・5%となります。

ある程度の生活水準がある国は、平時ではこの程度の比率しか軍事費には支出できませんから、ロシアの軍事力はこれが限界ということになります。これ以上、軍事費を増やせないとなると、米国との比較ではロシアは赤ん坊程度の軍事力しかないということになります。

ちなみに中国は1000兆円のGDPがあり、軍事費は17兆円ですから、GDPの1・7%の支出となります（もっと多いという説もあります）。日本はGDPが500兆円で軍事費が約5兆円ですから約1%です。

前節では本格的な戦争ということになっても、GDPの10%程度しか費用はかけられない、という話をしました。ロシアのGDPは極めて小さく、世界経済の中では弱小国のひとつに過ぎません。仮に10%まで拡大したとしても、支出できる軍事費はそれほどの金額にはなりません。

こうした状況を総合的に考えると、ロシアはかなりギリギリの状態ということであり、大幅に戦線を拡大できる余力はないと判断することができます。

したがって、常識で考えれば、ウクライナ問題が世界経済の大きな波乱要因になる可能性は少ないのです。今回の紛争が勃発した際、比較的冷静なスタンスの投資家が多かったのはこうした理由からです。

■兵器のハイテク化で経済力のない国はさらに苦しく

ロシアが相対的に不利な点はこれだけではありません。

現代の軍隊は、高度なITシステムやロボット兵器など、ハイテク化が急ピッチで進んでいます。したがって、戦争の遂行能力とその国の経済水準や技術水準との関連性は年々高まっています。その点からいってもロシアは非常に不利な立場にあります。

ロシアは、実はフランスから最新鋭の強襲揚陸艦を輸入しようとしています。経済制裁の影響でこれが一時中断となっており、ロシアは苦しい状況にあります。

ロシアはGDPが小さく、日本や米国などが持っているような大きな産業インフラがありません。このため、高度な装備を備えた艦船を自前で大量に建造することができないのです。

ロシアは他国から最新鋭の艦船を輸入しないと、一定水準の海軍力を維持できない状況となっているわけですが、そのためには、豊富な外貨が必要になるというジレンマを抱えています。

今回の経済制裁でロシアからは3カ月で10兆円近い資金が流出したといわれています。これは200兆円しかGDPがないロシアにとっては、相当厳しい数字であり、今後もハイテク艦船の配備には苦労するでしょう。

10年間で株価を3・5倍に跳ね上げた軍需企業

戦争と経済には、密接な関係があると説明してきましたが、現代の先進国であれば、国民生活を犠牲にするような戦争はほとんど実施されません。したがって、戦争が起こったからといって、株価が極端に動くということもないと考えるのが自然です。しかしこれはあくまで指数全体の話となります。個別銘柄では、やはり特徴的な動きが見られます。

戦争というとまず頭に浮かぶのが軍需銘柄です。米国にも日本にもいわゆる軍需産業と呼ばれる産業がありますが、その形態は大きく異なっています。

米国や欧州などは、企業の役割分担や合理化が進んでいるため、防衛関係の企業は基本的にその分野の業務だけを行っています。

しかし途上国などでは、いわゆる財閥系の会社があらゆる業務を手がけるというケースが多く、軍事産業もそうした財閥のグループ会社が手がけているというケースが少なくありません。日本はどちらかというと、後者に属していますので、大手の企業で純粋な軍需企業と呼ばれる会社は少ないのが現状です。

日本の代表的な軍需企業は三菱重工ですが、三菱重工は原発も作っていますし、エアコンも製造しています。また造船部門では旅客船も建造します。したがって、株価はこうした民生用の製品の動向に大きく左右されることになります。

■軍需専門企業の株価の動きは明白

一方、米国の場合には、ロッキード・マーチンやレイセオンなど、軍需専門の企業が数多くあります。こうした企業群の株価は、当然のことながら戦争との関連性が極めて高くなっています。戦争と市場の関係性を見る場合には、こうした専門企業の方が分かりやすいでしょう。

ロッキード・マーチンは軍用航空機製造の大手企業です。米軍の最新鋭ステルス戦闘機F－22などを製造しているのもこの会社です。同社は売上げの約80％を米国政府に依存しており、米国の軍事支出の影響を大きく受けます。

レイセオンはミサイル防衛システムや軍用レーダーなどを製造する企業で、やはり

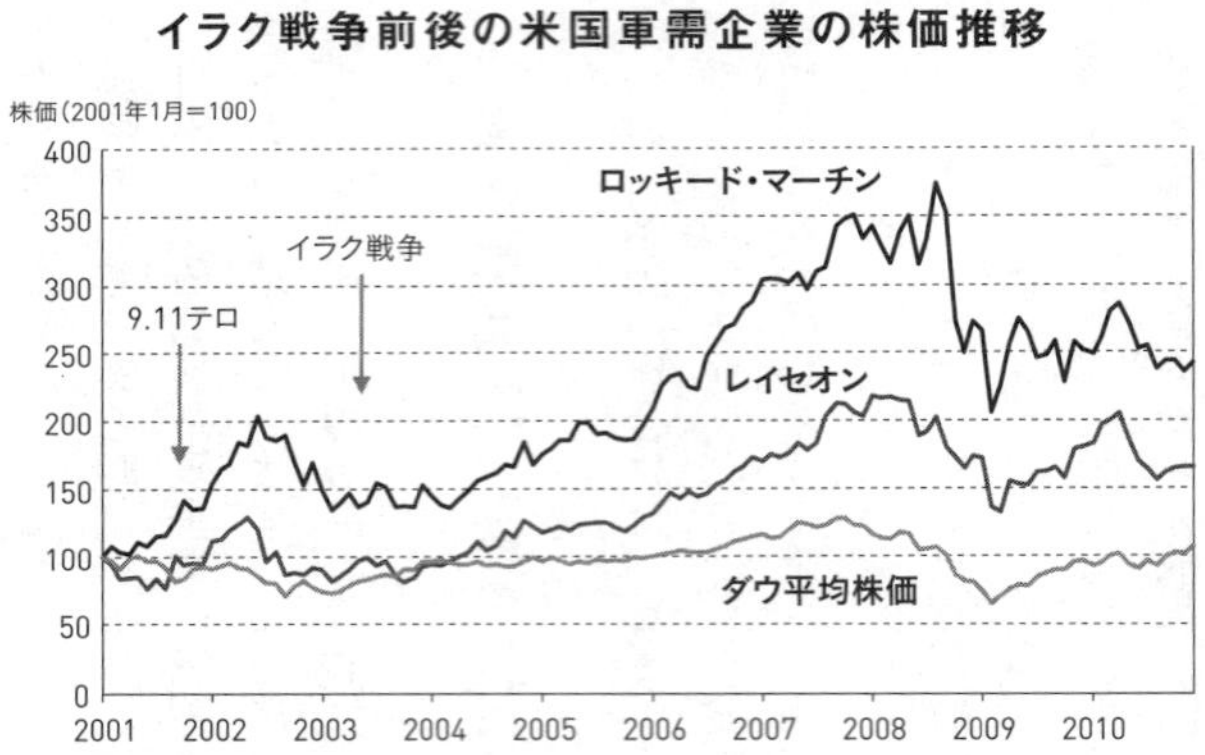

米国政府への売上げがほとんどを占めています。パトリオット・ミサイル（PAC3）、トマホーク・ミサイルなど、米軍の主要なミサイルの多くは同社の手によるものです。

9・11テロ発生後、イラク戦争終結までの10年間における両社の株価の動きは際立っていました。

9・11テロ発生後、株価が急騰し、その後、一旦下落しますが、イラク戦争が本格化するにつれて再び上昇を始め、ロッキード・マーチンは最大3・5倍まで跳ね上がりました。この間、ダウ平均株価はほぼ横ばいですので、軍需関連銘柄のパフォーマンスの高さは際立っています。

イラク戦争の前後では非常に株価が高騰した軍事関連銘柄ですが、今後しばらくは低調に推移するかもしれません。というのも、米国が戦後最大規模の軍縮を実施しようとしているからです。

オバマ政権は2010年以降、軍事費の大規模な削減を行い、累積で5400億ドル（約58兆円）もの予算を削減しました。また英国は3年間で3兆円、フランスは4000億円、ドイツは1000億円の軍事費を削減しています。

強いアメリカを標榜するトランプ政権が誕生したことで、米国の軍事費は増加に転じていますが、2018年時点ではまだオバマ政権初期の水準に戻っていません。ここ数年、サイバー兵器やドローンなど、ITを駆使した兵器の開発が進んでおり、同じ効果を得るために必要な軍事費は減少傾向にあります。トランプ政権が続いた場合でも、かつてのように軍需産業全般が潤うという図式にはなりにくいでしょう。

STUDY

□ **軍産複合体**
戦争から経済的利益を得る、軍需企業や政府機関といった関連団体の総称。米国において、批判的なニュアンスで用いられることが多い。アイゼンハワー米大統領が退任時に演説で言及したことから、広く知られるようになった。

日清・日露戦争は合理的な戦争だった

このところ、日本と中国や韓国との関係が非常に悪化しています。

日本は近代化以降、日清戦争、日露戦争、日中戦争、太平洋戦争と大きな戦争を４つ経験していますが、すべての戦争に、中国大陸と朝鮮半島の権益が関わっています。

西洋史の世界では、バルカン半島は欧州の火薬庫と呼ばれますが、東洋史の世界では、朝鮮半島がアジアの火薬庫なのです。

近隣諸国とはなるだけ平穏に付き合うのが理想ですし、昔とは違いますから、国家間の対立をただちに武力で解決するという時代ではありません。

しかし、日本と中国、そして韓国は、その地政学的な位置関係から、どうしても利害関係が対立する間柄となります。

日本がかつて経験したこれらの戦争において、どのように経済が推移し、株価がどう動いたのかについて、知っておいて損はないでしょう。

■朝鮮半島をめぐる地政学的関係は変わっていない

日清・日露戦争は、朝鮮半島をめぐる日本と中国、日本とロシアの利害対立が直接の原因となっています。

両戦争は100年も前の出来事なのですが、戦争の原因となった朝鮮半島をめぐる地政学的な要因は今とほとんど変わっていません。

日清戦争後、日本と英国は日英同盟を結んでいるのですが、これは現在の日米安保条約とほぼ同じ役割を担っています。

当時と変わったのは、海洋覇権のリーダーになっているのが英国ではなく米国であるということ、韓国が先進国になりつつあること、中国が米国に並ぶ覇権国家になろうとしていることです。

アングロサクソンによるグローバル・スタンダードが支配的であったという点においても、当時と現在は非常によく似ています。当時の覇権国家は英国であり、ポンドは基軸通貨でした。英国は金融システムも完全に支配しており、世界のマネーはロンドンのシティに集まっていたわけです。現在の米国ウォール街を中心としたグローバル・スタンダードそのものといってよいでしょう。

シティには国際的に活動する投資銀行（当時はマーチャント・バンクと呼ばれた）が集まっており、戦争遂行のための国債発行もほとんどがシティで行われていました。日本もその例外ではなく、日露戦争の戦費はすべて、ロンドンのシティとニューヨークのウォール街で、外債を発行することで調達されています。

日露戦争は、英国と米国の完全な支持を取り付け、さらに英国と米国の国際金融市場をフル活用して遂行した戦争ということになりますから、極めて戦略的、合理的だったと解釈することが可能です。

財政的な裏付けをまったく持たず、まともな戦略も立案せずに、ただなし崩し的に進められた太平洋戦争と比べると、あまりのレベルの違いに愕然《がくぜん》としてしまいます。日清戦争と日露戦争は日本にとっては初めての本格的な近代戦であり、市場に対するインパクトも相当なものがありました。

■戦争が起きると投資家心理は高揚する

この結果、両戦争の発生前後には、国内の株式市場においてかなり大きなバブルが

日清戦争・日露戦争の株価推移

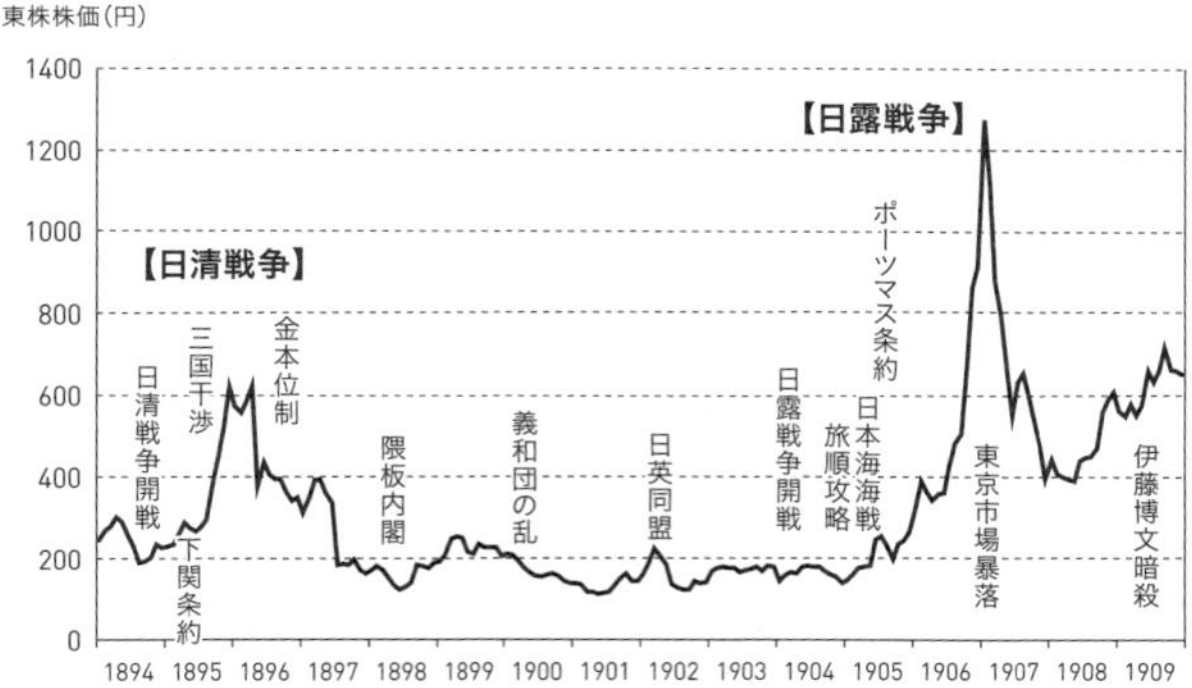

発生しています。

日清戦争では下関条約で戦勝が確定してから、日露戦争では日本海海戦の勝利など、戦況が好転していくにつれて株価が高騰していきました。**日露戦争の時には、株価は約8倍まで上昇し、多くの富豪が誕生しました。**野村證券創業者の野村徳七は、日露戦争バブルで得た巨万の富を投じて、現在の野村グループの前身となる企業を創設しています。

現在の株式市場は当時と比較すれば、圧倒的に厚みがあり、当時と今を単純に比較するのはナンセンスです。

しかし、**こうした大きな戦争があると、投資家の心理はかなり高揚することが知られています。**今、戦争が起こっても、ここまでの動きにはならないでしょうが、この歴史的事実は、頭に入れておいた方がよいでしょう。

もうひとつ同時代に起こった戦争で、かつ現在と類似しているという点で、**クリミア戦争**は非常に興味深い出来事です。

クリミア戦争は、1853年に発生しているのですが、状況は、今回のロシアによるクリミア侵攻とかなり似ています。ロシアの南下政策に対しては、米国ではなく当時の覇権国である英国が軍事力を行使して圧力をかけました。

ロシアは今と同じようにやはり経済で苦境に立たされます。

ロシアは自国で戦費を調達できず、何と敵国である英国のシティで調達するハメになったのです。

英国は英国で、国内で賛否両論があったものの、ロシアの資金調達を拒絶すると、オープンな国際金融市場としての魅力が薄れるとの理由から、あえて、敵国ロシアの資金調達を黙認しました。覇権国家の凄みと余裕を感じさせるひとつの事件といえるでしょう。

市場メカニズムを無視した太平洋戦争

日清戦争・日露戦争が市場メカニズムを駆使した合理的な戦争だとすると、太平洋戦争は市場メカニズムを完全に無視した非合理的な戦争ということができます。

先ほど、太平洋戦争の戦費は国家予算の70倍という話をしましたが、この戦費はすべて日本国内で、しかも日銀の直接引き受けによって調達されています。ロンドンやニューヨークの金融市場で市場メカニズムに沿って戦費を調達した日露戦争とは大きく異なっています（当時の基軸通貨国である英国とも戦争をするわけですから、ロンドンやニューヨークは使えないのですが）。

日銀による引き受けは、輪転機を回しているだけですから、無限に資金を引き出すことができます。結果として日本は準ハイパーインフレになってしまいました。

ところが、無謀ともいえる太平洋戦争の最中、日本の株式市場は平穏に、しかも比較的堅調に推移していたのです。その理由は国家による経済統制です。

■経済統制下であっても市場は生き物

日本政府は1938年に**国家総動員法**を制定し、国内の経済活動のほとんどを国家の統制下に置きました。

あらゆる企業が政府の計画のもとに生産活動を行うようになり、下請け元請けという企業系列が国家によって強制されました。同時に終身雇用制度が義務付けられ、賃金も政府によって決定されるようになったのです。

企業系列や終身雇用といった慣行は日本の伝統だと思っている人が多いのですが、そうではありません。戦争中に国家総動員体制によって政府から強制されたものです。それまでは、下請け企業も買値が安ければ、自由に顧客を選別していましたし、雇用もかなり流動的でした。

また、物価統制が行われ、インフレが進んでいるにもかかわらず、生活必需品については、価格が据え置かれました。これでは企業は利益を上げることができませんから、こうした企業には政府が利益を補塡していたのです。

このような状況ですから、経済活動は停滞してしまいます。企業は配当も制限され

太平洋戦争時の株価推移

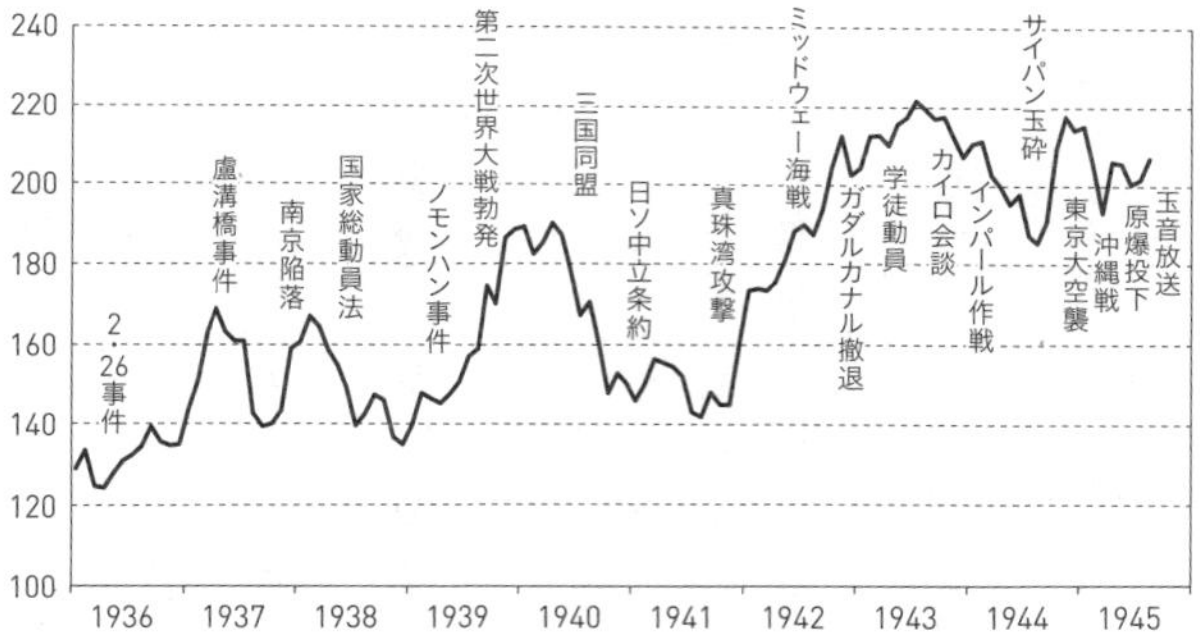

ましたから、株を買う投資家は減ってきます。政府は株価が暴落しないように、証券市場にも統制を加えることになりました。株価が下がるたびに、国が設立した機関が株を買い支え、株価を維持したのです。

日本の証券市場にはＰＫＯ（価格維持政策）という言葉があります。これは政府による株式の買い支えを意味する言葉なのですが、このＰＫＯも、実はこの時代に始まった習慣です。実際、政府による買い出動の後、株価は上昇しています。「政策に売りなし」という相場格言はあながち間違っていないようです。

こうした政府の対策もあり、太平洋戦争中の株価は大きな下落もなく推移しています。むしろ株価だけを見れば非常に堅調だったといってもよいでしょう。

しかし、現実の経済はインフレが際限なく進んでおり、たとえ株式市場が堅調でもインフレを上回ることは不可能でしたし、取引量も減ってしまいました。

戦争末期には、取引所が価格安定のために株式を買い取るという禁じ手に出ており、最後は事実上の休眠状態で終戦を迎えることになります。

■市場は大本営発表を見抜いている

興味深いことに、このような完全な統制市場であっても、やはり市場メカニズムというのは生きているものです。当時の日本では軍部による情報統制が厳しくなっており、軍に都合のよい戦況しか報道されません。**しかし、株式市場は比較的、戦況をストレートに反映した値動きをしています。**

例えば、日中戦争のきっかけとなった盧溝橋事件は発生直後に株価が暴落していま す。三国同盟など結果的にマイナス要因であった出来事には株価はマイナスに動いています。

またガダルカナルからの撤退など、詳しい情報は伏せられていたと思われる出来事の前後でも、やはり株価は状況を反映した動きをしているように見えます。

市場が持つこうした不思議な力は、なかなか侮れないものです。疲弊したり、国家統制によって機能しなくなったりしても、雑草のように市場は活動しようとするものなのです。どんな時にも市場で利益を得るチャンスはあるということがお分かりいただけるかと思います。

しかしながら、投資家にとって、市場は自由であることが望ましいのはいうまでもありません。その点からすると、アベノミクスで相次いで打ち出されている政策の中には、市場統制的なものがあり、少し注意が必要かもしれません。

例えば安倍政権は、日本の公的年金の株式シフトを進め、企業に対して公的年金を通じてROE（株主資本利益率）の向上などを求めていく方針を打ち出しています。また政府の要請による賃上げや女性幹部登用の数値目標の義務付けなど、統制経済的な側面も目立ちます。

これらの施策は、マーケットからの要請で自然に行われれば、日本経済にも株価にも確実にプラスなのですが、強制力を伴ってしまうと、どこに歪みが出るか分かりません。何らかの反動があることは投資家として警戒しておくべきでしょう。

戦争で壊滅した日本、株価を急激に上げた英国

それにしても、太平洋戦争は、日本の歴史の中でも最悪といってよい出来事です。国家予算の70倍という無謀な金額を投入し、世界で唯一、しかも大都市に対して核攻撃を2発も受け、無条件降伏するという形で戦争を終わらせてしまいました。

太平洋戦争の延べ動員数は１４００万人といわれていますが、当時の日本の人口は７０００万人しかいません。うち半分は女性で、残りの男性のさらに半分が高齢者と子供です。

つまり、ある程度体力のある成人男性は１７００万人程度しかいないにもかかわらず、その半分近くを徴兵してしまったわけです。戦争遂行の基礎となる経済活動に従事する人材がいなくなってしまいますから、これでは戦争に勝てるわけがありません。

また軍のオペレーションにも明確な戦略がなく、挙げ句の果てには、補給を無視してインドの拠点攻略を目指し、２万５０００人以上の将兵を餓死させた**インパール作**

戦など、目を覆いたくなるような事例もたくさん出てきました。

筆者の伯父は陸軍士官学校の出身なのですが、インパール作戦の失敗は伏せられていたものの、実際には内地でもかなり問題視されていたそうです。

太平洋戦争は、戦略的、かつ国際的な金融マーケットを駆使して実施された日清戦争や日露戦争と比較して、あまりにも稚拙に見えてきます。

■学歴エリートはリーダーにはなれない

こうした違いが生じた原因については様々な議論が行われていますが、戦争を指導したリーダーによるところが大きいと筆者は考えます。

日清戦争と日露戦争は、山県有朋など、明治維新という一種の革命をくぐり抜けた海千山千の指導者が自ら指揮したものです。彼等のような明治維新の指導者に対しては現在でも賛否両論がありますし、筆者自身にも評価できない点が多々あります。しかし、彼等が、卓越した政治家であったことは間違いありません。

ところが太平洋戦争を指導したのは、こうした卓越した政治家ではなく、軍部のエリート官僚であり、彼等はすべて学力テストで選抜された人たちでした。要するに今でいう偏差値エリートです。

彼等は学校の勉強はよくできたわけですが、高度な政治力やリーダーシップは当然のことながら持ち合わせていません。こうした人物に国家の行く末を委ねてしまったところに、日本の最大の失敗があると考えられます。

実は戦争終了後70年経っても、日本は同じような問題を抱えています。政治家は激しい権力闘争を勝ち抜いた人物ではなく、二世三世のお坊ちゃんがほとんどです。しかも、米国や英国のようにお坊ちゃんの中でも厳しい競争があればよいのですが、日本の二世三世にはそれもありません。

こうしたリーダーは容易に官僚という学歴エリートにコントロールされてしまいます。しかし官僚はあくまで官僚にすぎませんから、全体を俯瞰的に見て、戦略的な決定を下すことはできません。結果としてなし崩し的にものごとが進んでいってしまいます。

ちなみに、英国は1982年にアルゼンチンとフォークランド紛争を戦っています。小さな島をめぐる戦争ですが、英国は30億ポンドの戦費を費やしました。当時の英国のGDPは2380億ポンド、国家予算は約900億ポンドなので、現在の日本に当てはめれば約3兆円から6兆円規模の支出となります。

この時、英国の株価は戦争に対してまったく動じることなく、むしろ順調に上昇を続け、戦争終了後はさらに上昇に弾みがつきました。

当時は、サッチャー首相による徹底した構造改革が行われていたのですが、断固とした姿勢を貫いて戦争に対応したことで、サッチャー氏の支持が急上昇しました。結果として、彼女が進める構造改革も国民的に支持されることになり、さらなる株価上昇につながったわけです。

強く賢明なリーダーが存在して、はじめて、戦争をうまく切り抜けることができるという、ひとつのよい事例といえるでしょう。

STUDY

□ **サッチャーの構造改革**

英国経済を長期的衰退から脱却させるために、サッチャー英首相が1980年代に行った大胆な改革。「小さな政府」と「市場メカニズムの活用」を軸に、労働組合改革、金融制度改革、国有企業の民営化などを行った。行き過ぎた競争原理主義を批判する声もある。

第3章のまとめ

■戦争は経済活動の延長線上にあり、各国の経済状況に大きく依存する

■戦争にかけることができる費用にはおおよその限界がある。現代の先進国では、ＧＤＰの10％以上を戦費に費やすことは難しい

■戦争が発生すると、軍需企業の株価は堅調に推移する。逆に軍縮時代には軍需企業の株価は低迷することが多い

■日清戦争と日露戦争では巨大な株価バブルが発生した

■太平洋戦争時には、経済の国家統制が行われた。だが、統制下の株式市場は思いのほか堅調に推移した

第4章

バブルは
利用するもの

バブルの規模や破裂時期は予測できる

バブルは市場に発生した過剰な期待が引き起こすといわれていますが、なぜそのような過剰期待が形成されるのか、ハッキリとしたことが分かっているわけではありません。

最近ではリーマンショック前の米国不動産バブル、その前のネット企業バブル、80年代のいわゆるバブル経済など、10年から20年ごとにバブルが発生しています。高度成長期にも何度かバブル的な株価上昇がありましたし、戦争バブルなど戦前にもバブル経済は存在しました。

時代を遡ってもまったく同様です。もっとも古いバブルは、1600年代に発生したオランダの**チューリップ・バブル**といわれていますが、その後も、英国の運河バブルや鉄道バブル、米国の自動車バブルなど、過剰な株価高騰という現象は常に観察することができます。やはりバブルの形成と崩壊は避けて通れない宿命のようです。

■バブルが発生する2つの理由

先ほど、バブルが発生する本当の理由は分からないと述べましたが、どんな環境でバブルが発生しやすいのかについてはある程度分かっています。バブルを形成しやすい環境には大きく分けて2つの種類があります。

ひとつはマクロ的なもので、**不動産や株価など、金融商品全般の価格が高騰し、それが経済全体に影響を与えるタイプのバブル**です。日本のバブル経済や米国の不動産バブル、現在の中国経済のバブル化などがこれに該当します。

もうひとつは、主に**イノベーションを材料とした個別要因によるバブル**です。2000年前後のネットバブルがその代表ですが、新しい技術が登場するたびにこうしたバブルが発生してきました。

マクロ的なバブルは、経済全体としてお金が余っていることで引き起こされると考えられています。いわゆる過剰流動性です。

超長期の株価を見ると、多少の上下はあっても、その動きは基本的に**マネーストック（マネーサプライ）**の動きと連動しています。マネーストックとは市中に流通するお金の総量のことです。つまりお金の量が増えていけば株価や不動産価格もそれに合わせて上昇していくという仕組みです。

しかし、株価が、マネーストックの動きとまったく同じように動くとは限りません。株価はマネーストックの水準を基準に、上下運動を繰り返しながら継続的に上昇していると考えることができます。この上下運動がたまたま大きくなった時がバブルになってしまうわけです。

■中国バブルのリスクは事前に予測できる

世界は何度もバブルを経験しているので、こうしたマクロ的なバブルがどの程度の規模まで膨らみ、そして破裂するのかについて、おおよそのことが分かっています。

例えば、日本の80年代バブルと米国のリーマンショック、現在の中国の不動産バブルは、**時代はまったく異なりますが、基本的なメカニズムは同じであり、どの程度で崩壊するのかという限界値もほぼ共通です。**

現在、中国のバブルは小康状態ですが、すでにいつ崩壊してもおかしくない程度までバブルは膨れ上がっています。ハードランディングするのかソフトランディングするのかという違いがあるだけです。具体的に説明してみましょう。

日本のバブルが崩壊した1991年前後の国内の総融資残高（金融機関とノンバンクを合わせた数字）は約785兆円でした。当時の日本のGDPは474兆円なので、融資残高はGDPの1・65倍の規模に達していたことになります。

一方米国のリーマンショックは2008年ですが、その直前の米国における総融資残高は約22兆ドルになっていました。当時の米国のGDPは14・5兆ドルですから、総融資残高はGDPの1・51倍の規模ということになります。

日本と米国ではバブル生成の過程も崩壊のきっかけも異なっていますが、不思議なことに、**バブルが崩壊する水準というのは、ほぼ一致しているのです。総融資残高がGDPの1・5倍から1・6倍になってくると危ないわけです。**

では、現在の中国はどんな状況でしょうか？

2012年時点での中国の金融機関による総融資残高は約68兆元でした。これにシャドーバンキング（銀行を介さない金融取引）による融資を加えると約87兆元になるといわれています。

中国における2012年のGDPは52兆元ですから、総融資残高のGDP比率は1・67倍ということになります。もしこの数字が正しいとすると、日本や米国がバブル崩壊を起こした時と同じ水準であり、中国はいつバブル崩壊となってもおかしくないという計算になります。

中国政府は日本のバブル崩壊や米国のリーマンショックという先例を研究し尽くしています。現在、中国政府は、経済成長を犠牲にしても、不良債権の処理を最優先する方針で経済政策を進めています。つまり、中国政府は、中国経済が完全にバブル崩壊の瀬戸際にあることをよく理解しているのです。

ソフトランディングを目指す中国の政策がうまくいくかどうかは分かりませんが、少なくとも、これ以上バブルが拡大するような方向性にならないことだけは間違いありません。

STUDY

□ マネーストック

金融機関から市中に提供されるマネーの総量のこと。以前はマネーサプライと呼ばれていた。実際に世の中に出回っているマネーの量を示している。これに対して日銀が金融機関に提供しているマネーの量はマネタリーベースと呼ばれる。

バブルは単なる「お金の移動」

マクロ的なバブルが、マネーストックのトレンド線からの上下動なのだとすると、バブルは単なるお金の移動ということになります。

マネーストックの水準を超えて株価が上昇している時には、他の資産からマネーが流出していて、逆に、株価が下落している時には、全体のバランスを取るために他の資産にマネーが流入しているということになります。

では、実際に日本の株式市場や債券市場を例にとって、どの資産からどの資産にお金が移っているのかを検証してみましょう。

次ページのチャートは、1970年以降における、株式、債券、不動産の時価総額の推移を示したものです。

バブルの頂点だった1989年やリーマンショック前のピークだった2007年には時価総額が突出して増えているのが分かります。

株式・国債・不動産におけるマネーの移動とバブル

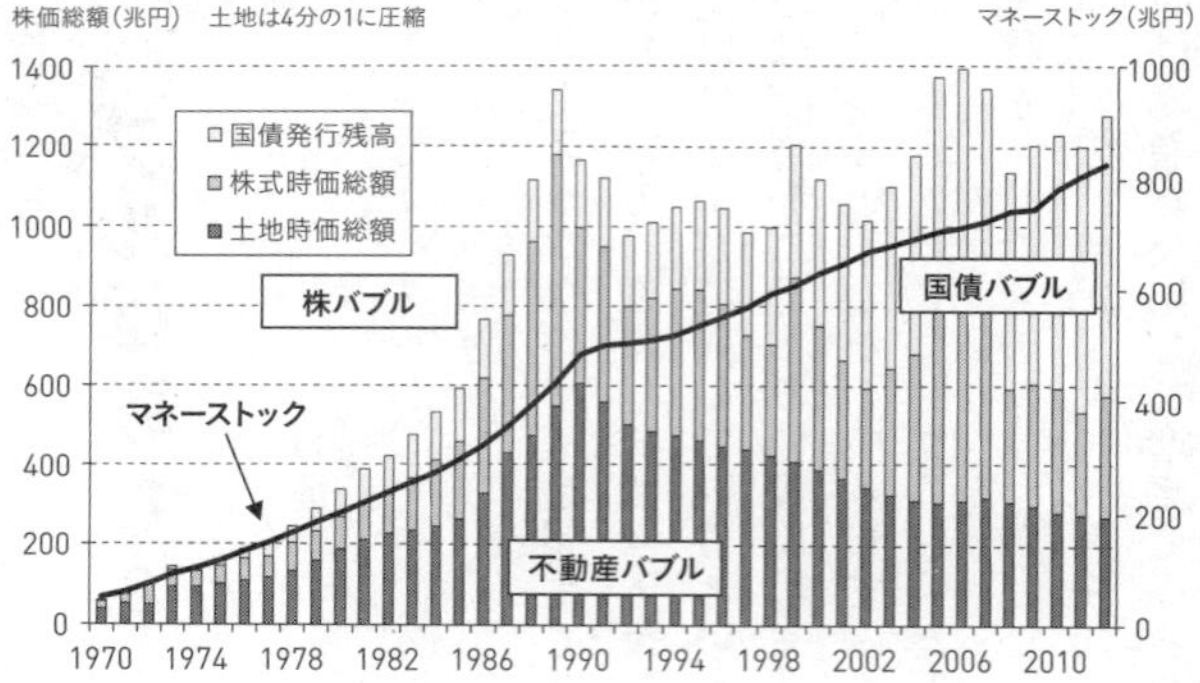

しかし、全体的には時価総額は一定のトレンドに沿って増加しており、それはマネーストックの動きと連動しています。

注目すべきなのは、その内訳です。

1980年代は株式の比率が大きく上昇しています。また土地の割合も一貫して増え続けていました。やはりこの時代は株と不動産によるバブルだったことが分かります。

一方、バブル崩壊後は一貫して債券（国債）の比率が上昇しています。反対に不動産の比率は低下の一途を辿っています。

バブルが単なるお金の移動なのだとすると、今現在は、完全に国債バブルの真っ最中ということになるわけです。

■国債バブルが崩壊したら

大きなトレンドは15年から20年程の間、継続することが知られており、この期間を大幅に超過してトレンドが継続することはまずありません。第1章でも見たように、130年の歴史の中でも最長30年です。

80年代のバブルは70年代中盤から始まり90年前後で崩壊しましたから、トレンドは約15年間続いたことになります。1970年から継続していると考えれば20年という解釈も可能です。

一方、バブル崩壊後、デフレ経済が続いて30年になろうとしています。デフレ経済ということは低金利であり、それは国債価格の高騰を意味しています。チャートからも分かるように、これまでの30年は株式や不動産から国債にお金がシフトする30年でした。結果として日本国債はバブルとも呼べるような価格高騰が続いています（金利は低下）。

日本国債がバブルなのだとすると、その継続期間を考えれば、そのバブルはいつ崩壊してもおかしくありません。このような点から考えても、日本の株式市場が歴史的転換点を迎えている可能性は高いと判断してよいでしょう。

30年続いた国債バブルが崩壊するということになると、債券価格が下落しますから、それは金利の上昇ということになります。

国内には日本の財政の脆弱性から、国債価格が暴落してしまう可能性を指摘する人もいます。ただ、日本の国債市場には相当の厚みがあり、そう簡単に国債が暴落するわけではありません。

現実には、徐々に国債の価格が下がり、金利が上がってくるというパターンが最も発生確率が高いでしょう。

金利が上昇すると、日本政府の利払い負担が増加しますから、日本の財政はさらに苦しくなることが予想されます。一方、金利の上昇はインフレを促し、その動きは円安につながってきます。

円安とインフレが継続すれば、実質的な日本政府の債務は縮小していくことになります。最終的には金利負担の増大とインフレによる実質的な借金の目減りが相殺されるような形になることが予想されます。

私たち投資家にとって重要なのは、国債の下落そのものよりも、そのマネーが次にどの商品に向かうのかという点なのです。

イノベーションはバブルを伴う

マクロ的なレベルで発生するバブルとは別に、個別の要因で発生するバブルがあります。その多くはイノベーションに起因するものとなっています。

新しいテクノロジーの登場は、しばしばバブル的な株価高騰をもたらしてきました。古くは100年以上前に日本や英国で見られた**鉄道株バブル**、1920年代の米国における**自動車株バブル**、最近では2000年前後の**ネットバブル**などがあります。

新しい産業分野の登場は比較的予測がしやすいため、バブルをうまく活用することができればテクノロジーへの投資は有効な資産形成手段となります。歴史に学ぶ価値は大いにありそうです。

新しいテクノロジーで株価のバブルが起こりやすいのは、イノベーションによって極めて大きな利益が期待できるからです。

例えばネット企業の株価が、常識では考えられない水準まで上昇するのは、ネットビジネスが従来とは比較にならない利益を上げられると期待されているからです。

例えば、フェイスブックのようなSNS（ソーシャル・ネットワーキング・サービス）は、従来にはなかったサービスですから、全世界すべての人が潜在顧客となります。しかも、こうしたサービスは多くの人が使えば使うほど、さらに利用価値が上がってきます。つまり、収益は指数関数的に伸びていく可能性があるわけです。

ところが、同社のビジネスのインフラとなっている、ネットワークの構築、維持に必要なコストは、利用者が増えてもそれほど増加しません。このため事業者の利益は、利用者の増加に伴って急拡大していくことになります。これを経済学の世界では収穫逓増《ていぞう》モデルと呼びます。

株式市場は、技術革新によって、将来にわたって得られる利益を先取りしてしまいます。このため画期的なイノベーションを提供するような企業には途方もない株価が付いてしまうわけです。ネット系企業はその代表的な存在といえるでしょう。

確かにフェイスブックやグーグルといったネット企業は理論上、利益が急拡大するモデルといってよいものです。しかし、実際にネットバブルが発生している時には、データセンターや通信会社など、収穫逓増モデルが適用できないような事業者の株価まで同じように高騰していました。

当初は何らかの理論的な裏付けがあっても、バブルが本格化していくうちに、それは消え去り、関連銘柄すべてが上昇するような事態に発展してしまいます。

これが結果的にバブル崩壊をもたらすわけですが、これは宿命のようなものであり、これを回避する根本的な方法はなさそうです。私たち投資家ができることは、そうなることを予測して行動することだけです。

■テクノロジー・バブルには再現性がある

100年前の英国や日本で見られた鉄道株バブルもまさにそのような現象といってよいでしょう。

鉄道株バブルのきっかけは、1769年にワットが本格的な蒸気機関を発明したことです。1800年代に入ると、トレヴィシックやスチーヴンソンなどが改良を重ね、蒸気機関を動力とした本格的な鉄道が建設されるようになりました。

英国では鉄道に対する投資ブームが起こり、多くの鉄道会社が誕生しました。当時の鉄道に対するイメージは、現代におけるリニアのような超高速鉄道です。市場では期待が先行し鉄道株はバブル的な高騰を見せることになります。

確かに蒸気機関を使った鉄道は、当時としては大変なイノベーションだったと考えられます。しかしながら、鉄道会社が得る収入は線路が持っている物理的な輸送力に依存するという特徴があります。1本の線路から得られる収入には限界があるわけです。その点からすると、現代のネット企業のように、理論上、無限に利益を拡大することは不可能となります。

当時の投資家もそのようなことは分かっていましたが、一度高まった期待はそう簡単には冷めません。当時の鉄道株は10%以上の高配当だったにもかかわらず、株価は高騰し、鉄道株指数は3倍以上に跳ね上がりました。

■本多静六の鉄道株バブル

しかも鉄道株バブルは海を越え、海外にも波及します。英国から遅れること50年、明治の日本でも鉄道株バブルが発生したのです。

当時の日本にはこれを予測し、大きな財産を築いた人がいました。日比谷公園を設計したことでも有名な、東京帝国大学教授の**本多静六**氏です。

彼はドイツに留学した際、師事したブレンターノ教授から鉄道株への投資についてアドバイスを受け、帰国後これを忠実に実践しました。

ブレンターノ教授は、テクノロジー・バブルには再現性があり、英国に遅れて近代化した日本には同じような鉄道株バブルが来る可能性が高いと本多氏に説明したのです。その後、ブレンターノ教授の予想通り、日本でも鉄道株バブルが到来し、本多氏は、現在の価値で数億円の資産を築くことに成功したのです。

本多氏はその後、多額の寄付を行う慈善家としても知られるようになったほか、蓄財に関する著書を出版してベストセラーにもなっています。

STUDY

□ **本多静六**
本多静六氏はベストセラー作家としても有名で、マネーに関する多数の著作がある。収入の4分の1は貯蓄し、分散投資を行うという彼の主張は、その後の日本人のマネー哲学に大きな影響を与えた。

鉄道・自動車・半導体、そしてインターネット

英国や日本で発生した鉄道株バブルに続いてやってきたテクノロジー・バブルは、**自動車株**でした。

工業化の歴史において、社会に対して最も大きなインパクトを与えた出来事のひとつが、ガソリン・エンジンによる自動車の普及です。

意外に思うかもしれませんが、自動車は登場したばかりの時には、モーター駆動のものが多く（いわゆる電気自動車）、現在主流となっているガソリン・エンジンはむしろマイナーな存在だったのです。

しかし、米国における特許紛争などをきっかけに、結果的にガソリン・エンジンが有利となり、状況が大きく変化しました。さらに、ガソリン・エンジンが予想外の技術的進歩を遂げたことから、一気に普及することになったのです。

こうした自動車株バブルの代表がGM（ゼネラル・モーターズ）でした。

1920年代の米国における自動車株バブル（GM:ゼネラル・モーターズ）

１９２０年代の米国では、好景気を背景に自動車株がバブル的な高騰を見せました。チャートは当時のＧＭの株価推移を示したものです。同社は、その前身であるビュイック社を中心に、20社以上もの自動車会社が合併してできた巨大企業です。

Ｍ＆Ａ（企業の合併・買収）で巨大化した企業にはよくありがちなのですが、ＧＭは当初、管理体制の不備によって経営が混乱していました。

しかし、１９１４年に勃発した第一次世界大戦による自動車特需によって最初の株価上昇が発生し、その後は、デュポン社とモルガン商会がＧＭの経営に本格的に関与するようになります。

両社の関与によってＧＭは経営が安定し、

巨大企業に成長することができました。1920年代には、同社は飛躍的にシェアを伸ばし、ついにフォードを抜いてトップメーカーとなります。

1910年代に0・5ドル前後であった同社の株価は、ピーク時の1928年には約175倍の88ドルまで上昇しています。


鉄道と同様、自動車株バブルも時間差で他国に波及しています。


日本の自動車産業が躍進するのは米国より遅く、1960年代に入ってからのことです。英国の鉄道バブルが日本に波及したのは50年後でしたが、自動車株バブルが日本に波及したのも、約40年後だったわけです。

この時代は日本もようやく豊かになり、国民の購買力が増大したことで乗用車の販売が急激に拡大していきました。1966年には「国民車」とまでいわれたトヨタの代表車種「カローラ」の販売が始まっています。

この頃のトヨタの株は、1920年代のGMとよく似ています。自動車の普及率が16%を超えたあたりから急上昇を見せました。

自動車の本格普及が始まる前の1950年代に株を取得していれば、20年で約65倍に上昇した計算です。

■本当にバブルになれば、株価上昇は20年続く

その後、株式市場では、半導体産業のバブルやネットバブルなど、テクノロジーをきっかけにしたバブルがいくつか発生していますが、基本的な株価の上昇パターンはどれも同じです。

英国の鉄道株バブルは株価がピークを付けるまでの期間は約15年、日本の鉄道株バブルも約15年となっています。米国の自動車株は約20年、日本の自動車株の上昇期間も約20年でした。**本格的なテクノロジー・バブルになった場合には株価の上昇期間は15年から20年という長期になるようです。**

これをもう少し新しい時代の事例で確認してみましょう。

2000年前後のネットバブルの時代には、ソニーがネット銘柄の代表という位置付けになり、株価が高騰しました。急激な株価の上昇はピーク前の1～2年程度なのですが、より長期での上昇トレンドを考えると、約15年間ということになります。

パソコン用のMPU（超小型演算装置）で世界トップシェアの米インテルも同時期にネット銘柄として大変な株価高騰を演じています。しかし、長期的に見れば、同社

の株価も15年程度の時間をかけてバブルを形成していることが分かります。

やはり時代が変わっても、本格的なバブルとなる銘柄は、15年から20年という期間をかけて上昇するもののようです。

現在、世界ではフェイスブックやLINEなど新しい世代のネット企業が注目を集めています。こうした企業の株価が今後どうなるのかは誰にも分かりませんが、**もしこうした新世代の企業が本当にイノベーションを引き起こすのであれば、その株価上昇は今後10年から20年続く可能性が高いということになります。**

ネット系企業の株価は短期的な上下で「もうダメだ」といった判断になりがちです。しかし、歴史から学び、これらの新しい企業が今後も成長を続けると考えるのであれば、10年から20年のスパンで投資を続けていく必要があるわけです。

STUDY

□ GMのブランド
米国では、高級車の代名詞といえばキャデラック、大衆車の代名詞といえばシボレーだが、どちらもGMのブランドである。GMには多数のブランドがあったが、これは、相次ぐ合併によって巨大化したことの名残である。

バブルは実は「適正価格」である

一連のテクノロジー・バブルの事例を検証してみると、面白いことが分かります。**10年から20年の長期にわたってバブル的な株価を形成した分野は、結果的に単なるバブルではなく産業の基幹インフラになっているのです。**

鉄道は本格的な普及から200年近くの時間が経過しているわけですが、いまだに地上における最も効率のよい輸送手段であり続けています。しかも、高速化の技術はとどまるところを知らず、当初は時速200キロ程度が限界といわれていた最高速度はどんどん伸びて、現在では理論的には時速500キロ程度まで速度を上げることが可能となっています。

確かに一時はバブル的な株価となったわけですが、その後、産業の基本インフラとして定着したことを考えれば、当時のバブル的な株価などは取るに足りないレベルだったと解釈することが可能です。

自動車やネットビジネスも同じといえるでしょう。

自動車は当初、現在の価格で数千万円もする超高級品でしたが、驚異的な普及を見せ、大量生産が可能となったことから、価格が劇的に低下しました。それでも、1台100万円以上はするわけですが、単価が100万円以上の商品がバンバン売れる世界など、自動車以外では考えられません。その点では、自動車は20世紀最大の発明品といってよいものです。

その後の市場規模の拡大や自動車メーカーの時価総額の増加を考えると、GMの株価が200倍になったことなど、一時的な誤差に過ぎません。

当時は説明不能といわれたネット企業の株価も同様です。

ネット企業の株価が高騰した2000年前後は、こうしたブームに乗って無理な資金調達をする会社が相次ぎました。中には米国の通信会社であるワールドコム社のように破たんしてしまったところもあります。

こうしたネット系の通信会社は高い株価を背景に大量の資金調達を行い、全米にインターネット通信網を整備していきました。当時、こうした通信会社の設備投資は無謀といわれましたが、現在では当時整備された通信網のレベルではまったく容量が足りない状態となっています。

あくまで結果論ですが、当時は異常と思われた株価も、長いスパンで見れば十分にリーズナブルな水準だったのです。つまり登場した新しい技術が完全に普及すればバブルはバブルでなくなり、その技術が途中でダメになってしまった場合には、それは容赦なくバブルとみなされてしまうわけです。

あるテクノロジーに関する株価が本当に適正な水準なのかについては、将来になってみなければ分からないのです。

■あっけなく終わったシャープの電卓バブル

将来を有望視されながらあっけなくバブルが終わってしまったケースを見てみましょう。1960年代の「電卓戦争バブル」がこれに該当します。当時、電卓は半導体技術の結晶といわれ、激しい開発競争が行われていました。

ピーク時には数十社が電卓市場に参入し、あまりにも競争が激しかったことから、俗に「電卓戦争」と呼ばれていたのです。

電卓戦争の主役の一人が早川電機工業という会社なのですが、実はこの会社は、近年、過剰な設備投資で経営危機に陥ったシャープなのです。

シャープは今でこそ、液晶デバイスを製造する設備投資型の半導体メーカーですが、もともとは独創性の高い製品を開発するアイデア重視型のメーカーでした。シャープが世に出るきっかけとなったのは、戦前の大ヒット商品である早川式繰出鉛筆、要するにシャープペンシルです。戦後は半導体分野に進出し、電卓という画期的な商品を開発し、現在の基礎を築きます。

ただ、電卓はあまりにも多くの企業が参入したことから、予想以上に小型化と低価格化が進んでいきました。最終的にカシオとシャープが電卓戦争に勝利したのですが、両者が寡占状態になる時には、液晶は完全にコモディティ商品となってしまい、それほど儲かるビジネスではなくなっていたのです。

シャープの株価は当時、電卓の大ヒットを受けてバブル的な様相を呈しました。

1965年に35円前後だった株価は5年で急騰し、500円を突破します。ざっと14倍に上昇したことになりますが、ピークを付けてからの下落もかなりのスピードでした。

ピークから2年後の1972年には200円台まで下がってしまい、その後、しばらくの間は目立った上昇はありませんでした。電卓も、本格的な普及が実現し、大成功したテクノロジーのひとつといえますが、あまりにもコモディティ化が早すぎました。このため数年でバブルが終了してしまったわけです。

これはこぼれ話ですが、シャープやカシオと電卓戦争を戦った日本計算器販売（ビジコン）という会社の技術者だった嶋正利氏は、その後インテルに引き抜かれ、電卓技術を生かして現在のパソコン用ＭＰＵの原型を開発しています。

電卓バブルは終わってしまいましたが、その基礎となっていた技術の流れという点では、実は、その後のネットバブルにつながっていくものだったのです。

シャープはこのように光る技術を持った企業だったのですが、液晶デバイスという体力勝負の分野に参入し、苦境に陥ってしまったのは非常に残念なことです。

STUDY

□ コモディティ化
技術開発が一段落し、製品における機能や品質の差がなくなった状態のこと。消費者にとっては、どの会社の製品を買っても同じになるため、差別化要因は価格だけになってしまうことが多い。

テクノロジー・バブルの発生条件

それでは、テクノロジー・バブルが発生する条件について整理してみましょう。

結果論かもしれませんが、本物のバブルとなった分野は、後に産業の基本インフラとなっています。個別の技術が優れていることは重要ですが、それ以上に、産業の仕組みを根本的に変えるポテンシャルを持つ分野であることが重要です。

インフラとなっていることに関連しているかもしれませんが、投資家から見て「分かりやすい」ということも大切な要素といえるでしょう。

鉄道や自動車、インターネットなどは、消費者向けの製品やサービスであり、専門知識が乏しい一般投資家にも分かりやすい産業といえます。半導体はデバイスですから、外部からは見えにくい分野なのですが、パソコンという消費者向け製品を通じてそのイメージを拡大させることが可能でした。やはり、何らかの形で最終製品と関連していることは重要と考えられます。

数年前、日本ではナノテクノロジーの分野に注目が集まった時期がありました。ナノテクとは、10億分の1メートルの微細な単位で物質をコントロールすることで、新しい素材やデバイスなどを開発する技術のことです。

この分野での技術開発は今でも続いていますが、関連する企業の株価がバブルになるようなことはありませんでした。ナノテクはカバーする分野が広く、最終製品の明確なイメージがありません。また、技術として画期的ではあっても、その普及によって産業構造が根本的に変化するようなものとはみなされていません。

ナノテクの分野でテクノロジーのバブルが発生しなかったのは、こうした理由が大きいと考えられます。

■バブルからインフラに定着するもの

では、今後はどういった分野がテクノロジー・バブルの対象となるのでしょうか？

現時点で可能性が高いのはやはり**人工知能とロボット**の分野でしょう。人によっては、電気自動車など新世代の自動車であると予想する人もいます。少々ブームは下火になっていますが、風力発電や太陽光発電など再生可能エネルギー関連が次のバブルだとの声もありました。

各分野ともに、従来の産業構造を大きく変える可能性があり、かつ一般的な投資家にも非常に分かりやすい分野となっています。またロボットや電気自動車は最終製品のイメージが非常に強いですから、一般投資家に対して強いインパクトを与えるはずです。

ただ注意する必要があるのは、電気自動車はまったく新しいテクノロジーではなく、従来のガソリン自動車の置き換えに過ぎないという点です。

仮に既存のガソリン自動車のメーカーと電気自動車のメーカーが別々なままであれば、電気自動車メーカーの時価総額は、従来の自動車メーカーの時価総額を奪う形になりますから、とてつもない上昇を見せる可能性があります。電気自動車メーカーではトップのテスラモーターズの株価にはそのような兆候が見られます。

しかし、電気自動車が本格的に普及するということになれば、トヨタやGMといった既存メーカーが、本格的に参入するでしょう。すでにこれらの自動車メーカーはかなりの時価総額を持っていますから、株価上昇という点では、それほど魅力的な投資対象とはならないかもしれません。

太陽光発電などエコ関連も同様です。従来の火力発電や原子力発電の置き換えに過ぎないからです。またGEやシーメンスなど、火力や原子力にも強いメーカーが再生可能エネルギーの分野でも強みを発揮する可能性が十分にあり、これらの企業の株価はすでに十分な水準まで上昇しています。

消去法でいくと、やはり人工知能やロボットの分野でバブルとなる可能性が高いと考えられます。

グーグルやIBMなど既存メーカーが強いのは事実ですが、ロボットと人工知能は影響を受ける分野が広く、多くの新しい企業が登場する余地があります。

ロボットと人工知能の分野については、次章でもう少し詳しく解説していきます。

STUDY

□ **人工知能**

推論・判断・学習といった人間の知能が持っている機能を備えたコンピュータのこと。AIとも呼ばれる。人工知能はロボットに搭載されることになるので、両者はいずれ一体の技術となる可能性が高い。

第4章のまとめ

■日本のバブル経済と米国リーマンショックは、相対的規模や破裂タイミングがほぼ同じである

■バブルのおおよその破裂時期は予測可能である。中国のバブルはいつ崩壊してもおかしくないタイミングとなっている

■バブルは単なるマネーの移動であり、今後も継続的に発生する

■テクノロジー・バブルの発生メカニズムは何百年も前から何も変わっておらず、再現性がある

■今後は人工知能やロボットの分野においてテクノロジー・バブルが発生する可能性がある

第5章

イノベーションで儲ける鉄則

イノベーションに投資すべき黎明と幻滅

第4章では、テクノロジー・バブルは将来の利益に対する過大な期待によって引き起こされることや、再現性があること、最終的に普及したテクノロジーは、当初バブルであっても、バブルではなくなるということなどについて説明しました。

第5章では、過大な期待が発生するもう少し詳しいメカニズムや、こうしたイノベーションをどのように投資に応用するのかについて解説します。

■株価は未来の利益を先取りしている

株価がバブル的な水準まで高騰しているということは、将来の利益を先取りしていると解釈することができます。その仕組みは以下のようになります。

その企業の株価が高いか安いかを判断する材料としてよく用いられる指標にＰＥＲ

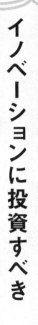

（株価収益率）というものがあります。これは、ある企業の株価が、１株あたりの利益の何倍になっているのかを示したものです。

例えば、現在、１５００円の株価がついている企業の、今年の１株あたりの利益が１００円だとすると、ＰＥＲは１５００円を１００円で割って、15倍と計算することができます。この例で考えると、現在の株価は将来得ることができる15年分の利益を先取りしていると判断することができます。

この企業をもし投資家が丸ごと買収したと仮定しましょう。買収した投資家が、その企業が生み出す利益の中から投資元本を回収するためには、15年間待たなければなりません。

バブル的な株価水準ということになると、このＰＥＲが50倍や１００倍といった水準まで上昇することになります。ＰＥＲが１００倍ということは、１００年先の利益をすでに先取りしてしまっているわけです。

しかし利益の先取りといっても、あくまでそれは、現在の利益が続くことが大前提です。**もし利益が今後、倍々ゲームで成長していくのであれば、実際には数十年あるいは十数年で回収できるかもしれないのです。**したがって、ＰＥＲ１００倍の銘柄が法外な株価なのかは将来になってみなければ分かりません。

画期的といわれるテクノロジーの登場によって、バブル的な株価になっている銘柄に投資するという場合には、結局のところ、そのテクノロジーがうまくいくのかどうかに賭けるという行為に限りなく近くなるわけです。

■技術は熱狂と幻滅を経て普及する

では、丁半バクチのようにイチかバチかに賭ける以外に方法はないのでしょうか？これに対する完璧な答えはありませんが、ヒントなら存在しています。

ＩＴ分野における調査会社として有名な米ガートナーグループは、新しい技術が社会において、どのような手順を踏んで受け入れられるのかについて、ある経験則を提示しています。

それは**ハイプカーブ**と呼ばれるもので、同社によると、新しい技術は、出てきた当初は期待が過剰になり、その時期を過ぎると、今度は一気に幻滅する人が増加し、最終的にはそこから回復して安定的な普及期に入るという軌跡を描くそうです。

これはあくまで経験則であり、科学的な根拠があるものではありません。しかし、成功した起業家など、新しい技術にチャレンジしている人の多くが、同じような状況

テクノロジーのハイプカーブ

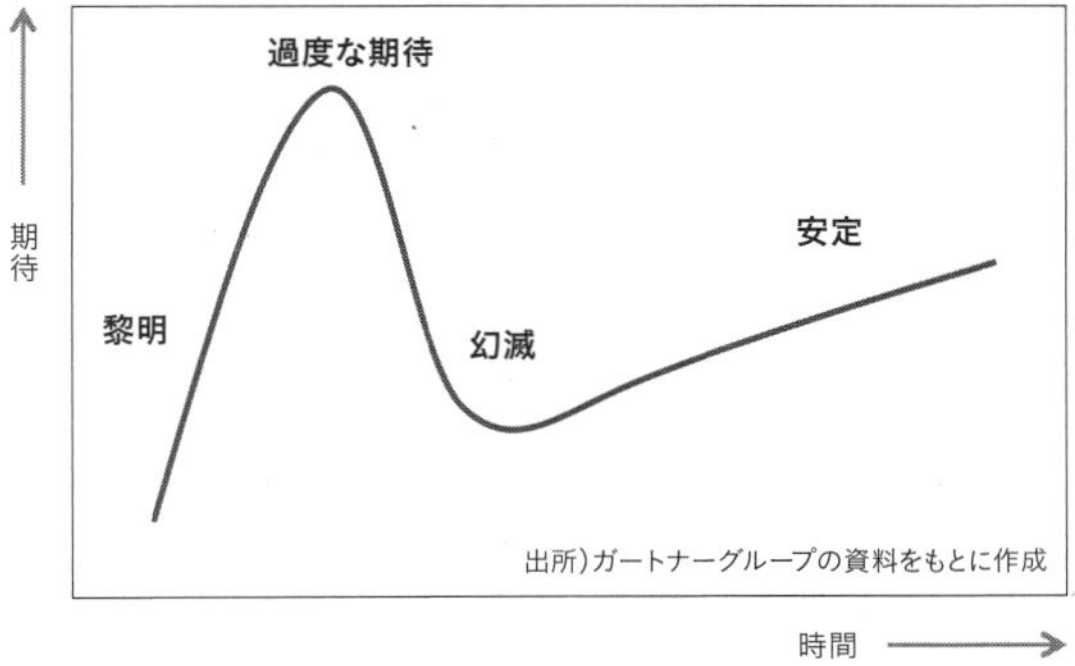

出所）ガートナーグループの資料をもとに作成

を体験していることを考えると、ある程度の普遍性はありそうです。

ハイプカーブは図のような片方に山があるような形状をしています。

新しい技術は、黎明《れいめい》期を経て一気に流行期となり、社会から過度な期待が寄せられることになります。

ただし重要なことは、期待が最高潮に高まっているこの時期における技術の普遍性はまだ高くないという点です。

十分に実用性が検証されていなかったり、市場に投入されていても、非常に使いにくい状態だったりします。インターネットという技術をこのハイプカーブにあてはめてみると、ネットバブルがピークだった時期は、まさに、この流行期にあたるわけですが、現在と比べるとインターネット環境は非常に貧弱なものでした。

ブロードバンド環境は完全には整備されておらず、ダイヤルアップと呼ばれるアナログの電話をかけてネットに接続する方式がまだ残っていた時代です。

その後のネットバブル崩壊は、ハイプカーブにおける幻滅期に相当し、現在ではすでに安定期に入っていると見てよいでしょう。

多くの技術にこの経験則が当てはまるのだとすると、投資をするタイミングは2つしかないということになります。

ひとつはブームがやってくる前の黎明期、もうひとつはピークが去って皆が悲観的になっている幻滅期です。最も選択してはいけないのが、ピークの最中に投資してしまうことです。

ネット企業への投資で儲かったのは、ブームより前に投資を決断した人か、バブル崩壊後の下落局面で勇気を出した人のどちらかということになります。

テクノロジー・バブルに乗る技術

新しいテクノロジーが、過度な期待と幻滅を経て普及するというメカニズムは分かりましたが、実際に投資をするとなると、今がどのタイミングなのか判断しなければなりません。

これについても万能の方法があるわけではないのですが、マーケティングの世界で使われる**S字カーブ**はひとつの参考材料となるでしょう。

■イノベーションの離陸期を見逃すな

S字カーブとは、新しい技術がどのようなタイミングで市場に受け入れられ、シェアを広げていくのかという経験則を体系化したものです。先ほどのハイプカーブは市場の期待値に関するものでしたが、S字カーブは、より具体的な市場での普及率をべースにした考え方です。**要するに、市場での普及率が何%なのかという情報を頼りに技術の進捗状況を把握しようというものです。**

S字カーブの理論では、新しい技術やサービスの普及率は、通常S字カーブを描いて上昇し、16%前後の普及率を超えると急激にその速度が上昇するとされています。やがて普及率が50%を超えてくると、普及率拡大のスピードは減少し、最終的にはあるレベルに収束していきます。

イノベーションに関連した株価の動きについても、S字カーブの動きと関連性が高いことが経験則的に知られています。左ページの上図はS字カーブ理論における、製品やサービスの普及率と株価のイメージです。

S字カーブの理論では、製品やサービスの普及率が16%を超えると、一気に社会への普及が進むことになります。普及期には前期と後期があり、前期はシェアが急拡大する時期、後期は過半数のシェアを獲得し、その上昇スピードが鈍化する時期となります。

株式市場でテクノロジーをベースにしたバブルが発生しやすいのは、16%の普及率に達する前の離陸期と、普及率が50%を超えてからの後期普及期といわれています。特に大きいバブルとなるのは、普及率が10%台の離陸期です。

S字カーブと株価のイメージ

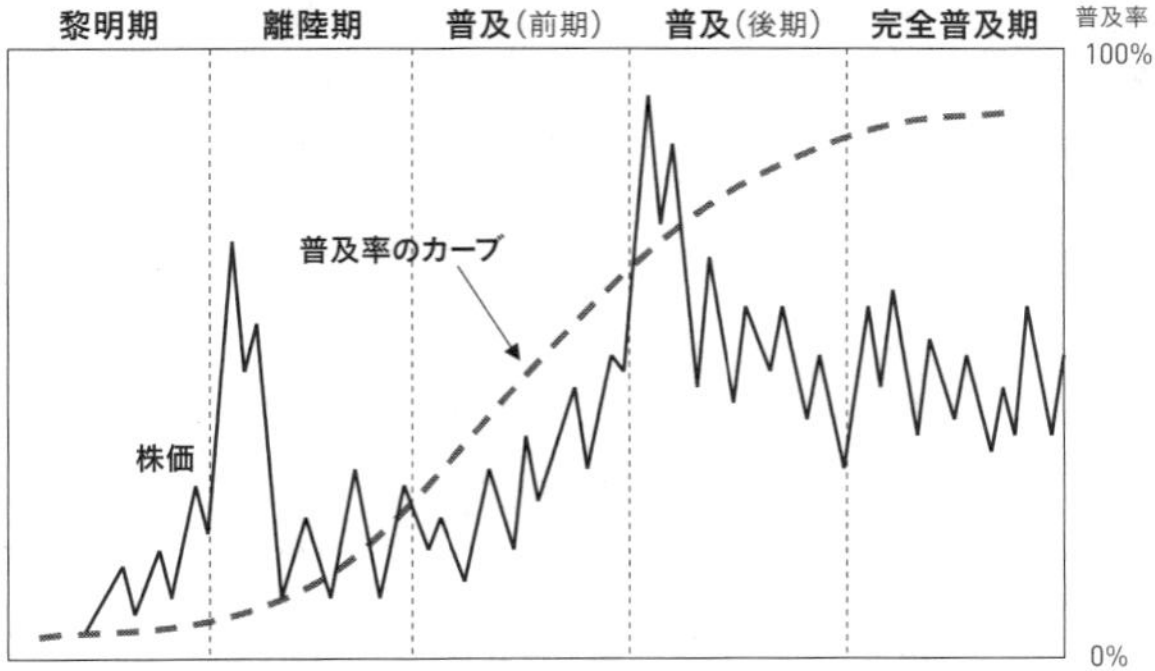

S字カーブと実際の株価の関係

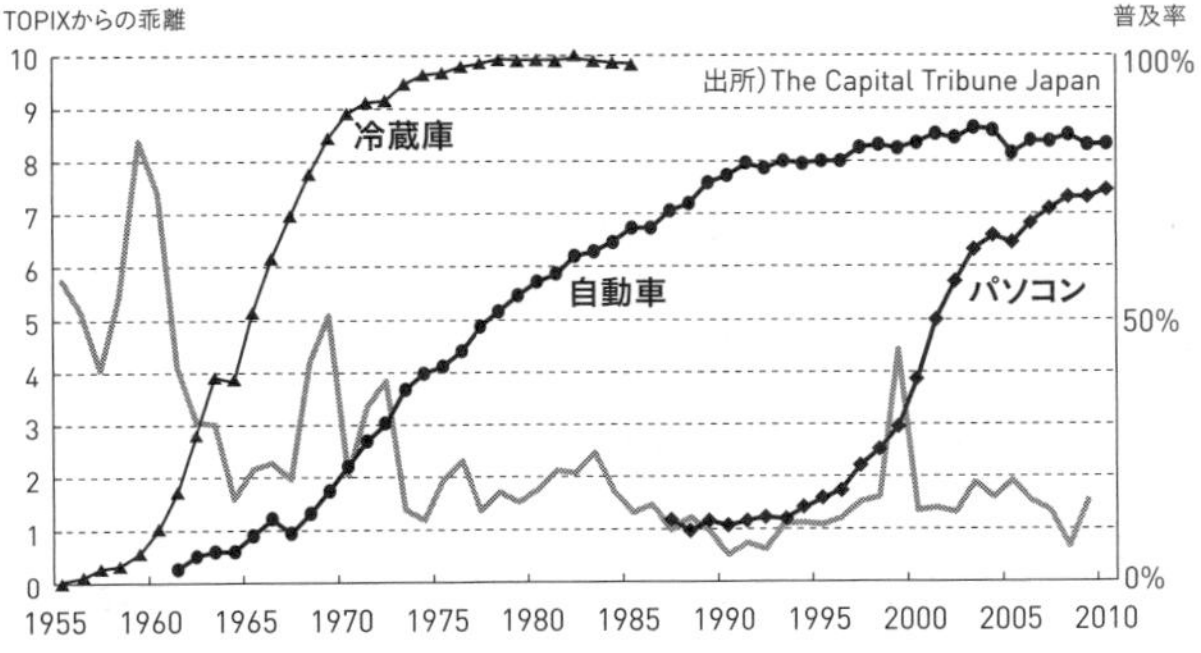

テクノロジーをベースにしたバブルにうまく乗るためには、新しい技術をもとにした製品の市場普及率が10％程度の時期を狙うのが最も効率がよいということになります。

■市場シェア10％に着目せよ

前ページの下図は日本の株式市場で、こうしたイノベーションと実際の株価がどんな関係だったのかを示したものです。

チャートの右側は、家電（冷蔵庫）、自動車、パソコンの普及率を、左側は、関連する銘柄のTOPIX（東証株価指数）からの乖離を示しています。数字が大きい方が、平均株価と比べて、関連銘柄の上昇が大きかったことを示しています。

家電（冷蔵庫）、自動車、パソコンの普及率のカーブを見ると、S字カーブ理論で示されているような形状で製品の普及が進んでいます。それでは関連銘柄の株価の動きは実際どうだったのでしょうか？

1955年から1960年までの5年間は、戦後では初めての技術革新を背景にした株価高騰となりました。1956年の経済白書において「もはや戦後ではない」と記載され、白黒テレビ、洗濯機、冷蔵庫が「三種の神器」として家庭に急速に普及してきたのです。

パナソニック（松下電器産業）などの家電メーカーは次々に増資を行い、そのたびに株価は上昇していきました。

松下電器の株価はこの期間、8倍になっているのですが、株価が急上昇した時の冷蔵庫の普及率はわずか数%です。

16%というしきい値よりも低い段階で株価が高騰するという法則性があてはまっているようです。

1965年からは、今度はマイカーブームとなります。トヨタなど関連銘柄の株価が高騰したのですが、やはり株価の高騰がスタートするのはシェア10%台の時期です。

インターネットも同様で、株価の上昇が始まるのは、パソコンの市場シェアが10%台の時となっています。

ある技術を有望と判断した時には、少なくとも市場シェアが10%台のタイミングを狙い、思い切って投資をするのが最も合理的なようです。

景気変動の第5波がやってくる⁉

第1章において、景気には循環的要素があると述べましたが、景気循環論の世界では、景気変動はイノベーションによってもたらされているとする考え方があります。それはロシアの経済学者コンドラチェフによって提唱された**コンドラチェフ・サイクル**とシュンペーターによる**イノベーション論**です。

■1820年からの4つの波

コンドラチェフ・サイクルは、物価、利子、貿易、生産などの各種指標が、約50年程度をひとつの単位として循環しているというものです。

当初コンドラチェフはこれを社会資本投資など内生的要因と考えましたが、後にシュンペーターが経済成長の要因としてこの説を取り上げ、イノベーション論と結びつく形で発展してきました。

コンドラチェフ・サイクルの最初のピークは1820年代といわれています。

当時の中核となったイノベーションは第4章でも取り上げた鉄道です。

この時代は産業革命の全盛期であり、オランダから英国に世界的な覇権が移り始めていました。貨幣経済的な側面ではブラジルで大量に発見された金が英国に流入し、マネーストックが増加しました。

二番目の波は1875年前後にやってきます。

この時期は、英国が覇権国家として絶頂を極めた時代です。穀物法の廃止によって本格的な自由貿易経済がスタートし、新興国である米国が成長のエンジンとなり始めました。また現代にも通じるような経済のグローバル化が始まり、国際的な金融市場の連動性が高まったのもこの頃です。

三番目は、新しく台頭してきた米国の急激な経済成長を反映したサイクルといわれており、1920年頃がそのピークとなっています。第一次世界大戦によって欧州は疲弊しましたが、米国には大変な戦争特需が発生しました。また石油の量産化と自動車の発明という歴史的なイノベーションもこれを後押ししています。

この時期には、自動車という新しいテクノロジーをベースにしたバブルが起こって

います が、これは第4章で取り上げた通りです。

四番目は、第二次世界大戦前後をスタート地点とする戦後のサイクルです。米国が完全に世界覇権を握り圧倒的な経済力で世界をリードすることになります。

この時代、最も重要な新興国となったのが日本です。高度経済成長によって、日本の経済規模は急拡大しました。またこの時期、金本位制の廃止という歴史的な決断もなされています。カギとなるテクノロジーはエレクトロニクスです。

■次のサイクルが始まろうとしている

コンドラチェフ・サイクルの各ピークと、株式市場の高騰には深い関係性があるといわれています。次ページの図は、英国の株価とコンドラチェフ・サイクルのピークを重ね合わせたものです。

英国の株価を取り上げたのは、1800年代から現在までの200年以上の期間にわたって連続した株価データを取得できるのは英国しかないからです。戦前の英国は現在の米国と同様、覇権国家ですから、英国の株価は世界経済を反映していると考えてよいでしょう。

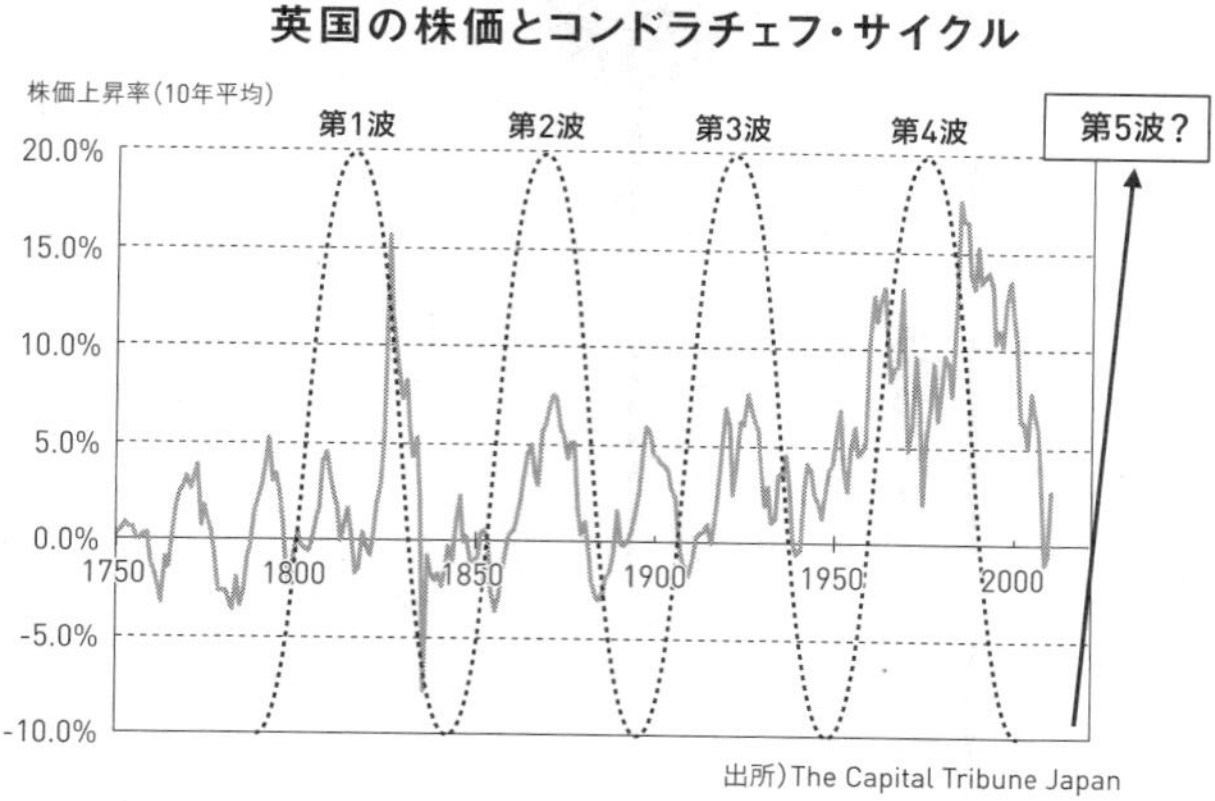

また戦後、米国に覇権が移ってからは、英国の株価は基本的に米国の株価に準じています。その意味で、英国の株価は最も長期にわたって世界経済の状況を反映しているわけです。

第一波のピークから第四波のピークまでは、株価の上昇率が高い時期と一致しています。これを見ると、コンドラチェフ・サイクルと株価には何らかの相関性があるように見えます。

問題は今後なのですが、現在はちょうどコンドラチェフ・サイクルのボトムに位置しています。実際、100年に一度といわれるリーマンショックも発生しましたから、やはりサイクルのボトムなのかもしれません。

もしそうだとすると、これから先の20年はサイクルのピークに向かっていく時期となり、コンドラチェフ・サイクルの法則に従うのであれば、非常にインパクトのあるまったく新しいイノベーションが登場することになるわけです。

コンドラチェフ・サイクルがどこまで正しいのかは誰にも分かりません。しかし、今後20年以内に新しいイノベーションの登場が示唆されるという考え方は、知的好奇心を刺激するものといえるでしょう。

STUDY

□ **イノベーション論**

経済における革新は、事業者が新しい価値を創造したり、新しい生産方法を開発することによって発生するとした経済理論。経済学者シュンペーターによって提唱された。

生活と産業基盤を根本から変える次のイノベーション

それでは、今後はどういった分野のイノベーションが投資対象として有望となってくるのでしょうか？

もちろんそれを正確に予測することは難しいのですが、現時点においてはロボット技術と人工知能の技術が、大きなインパクトを市場にもたらしそうです。イノベーションを投資に活用したいと思っている投資家の人にとっては、この分野は要注目といえそうです。

■プロを負かすロボット棋士

ロボットというと、ソフトバンクが商品化した人型ロボット「Pepper《ペッパー》」のようなイメージが強いと思います。

しかしロボット技術の本当に画期的なところは、人の形をしていることや、人間と対話できることではありません。**ロボット技術の革新的な部分は、クラウド上にある人工知能と連動することで、人間の生活や産業基盤を根本的に変えるところにあります。**

Ｐｅｐｐｅｒのようなロボットが家庭に入ってくると、最終的にそのロボットは、家庭にある家電製品やＰＣ、自動車に搭載されたコンピュータなどと連動し、これらのデバイスを統括してコントロールするようになるでしょう。

これだけなら、現在あるスマホに家電などをコントロールするアプリを搭載した状況とあまり変わりません。ユーザーフレンドリーなロボットなのか、スマホのような無機質なデバイスなのかという違いです。

しかし、ここに人工知能が加わると状況が大きく変わってきます。

人工知能には、機械学習と呼ばれる機能が搭載されており、コンピュータが人間と同じように、自主的に学習できるようになっています。これが途方もないインパクトを人間社会にもたらすことになるのです。

このところ非常に複雑なゲームといわれる将棋の世界でプロ棋士を倒すコンピュータが現れています。

従来、ゲームができるコンピュータは、その戦い方や勝ち方について、技術者がプログラムという形でコンピュータに教え込んでいました。つまり、技術者が理解している以上のことをコンピュータに教え込ませることはできなかったわけです。

では、プロ棋士を負かしたコンピュータは、誰か別のプロ棋士によってプログラムされたものなのでしょうか？　そうではありません。人工知能における機械学習の機能を使って、コンピュータ自身が勝ち方を勉強したのです。

人工知能はプロ棋士同士の対局をいくつもインプットし、大量のデータを分析することで、どうすれば将棋に勝つことができるのか、プロ棋士のレベルで学習していったのです。

■今ある仕事の半分が消滅する？

この機能が家庭用・業務用の一般的なロボットに搭載されることになると、社会に対して、以下のような極めて大きなインパクトをもたらします。

①ロボット上にもう一人の自分を作ることが可能となる

②スキルが高い人の行動やノウハウをプログラム化できる

人工知能を搭載したロボットは、利用者と対話しながら、日々刻々と利用者の行動を学んでいきます。どんなタイミングで何を注文したのか、冷蔵庫には今、何が入っていて、何を取り出したのか？　声の調子を分析し体調がどうなっているのか？　誰と、どんな内容のメールや電話をしているのか、など、あらゆる角度から利用者の行動を学習していきます。

そうすると、いずれは利用者が欲しいと思う商品を、利用者に先んじてネットで買うことを提案してきたり、取りたくない電話は事前にシャットアウトしたりという行動を取ることが可能となってきます。自分以上に自分らしいキャラがロボットの中に存在しているわけです。

こうした情報は企業のマーケティング担当者にとって、喉から手がでるほど、欲しい情報です。例えばの話ですが、こうした情報を企業に提供する代わりに、ロボットはタダで使えるといったビジネスモデルも可能となってくるわけです。

こうした社会では、人の購買行動は大きく変わりますし、既存のビジネスにも大きな影響を与えるでしょう。

さらに強烈なインパクトをもたらすのは職場です。

ロボットが職場に入ってくると、いわゆる仕事ができる人の行動パターンをロボットが学習し、同じような行動を全員に促すことが可能となります。また、あらゆる情報を無作為に取り込み、その中から法則性のあるものや関連性のあるものを抽出することが容易になるでしょう。

各職場では、経験が豊富で、その仕事のことなら何でも知っているという、いわゆるベテラン社員という人がいますが、こうしたロボットが導入されてしまうと、ベテランの人だけが持っていた知識はあまり価値がなくなってしまいます。

英国のオックスフォード大学の研究によると、ロボットの普及で、現在ある仕事の半分が消滅してしまうそうです。医師や会計士、弁護士など知識が豊富なことをウリにしていた職業はその価値を大きく失うことになります。

また、飛行機のパイロット、タクシーの運転手など、技能を必要としていた職業もいずれロボットに取って代わられることになるでしょう。これらを総合した経済的な影響は計り知れないものがあるのです。

もし本当にこうした技術が普及した場合、関連する銘柄の株価が高騰することは容易に想像できます。

第5章のまとめ

■新しいテクノロジーの普及には共通したパターンがある

■過去の事例では、テクノロジー・バブルの多くが、製品の普及率10%台のタイミングで発生している

■テクノロジー・バブルで大きな利益を上げるには、市場がまだ懐疑的な段階で投資を決断する必要がある

■超長期的な景気循環サイクルでは、今後の20年間は、画期的なイノベーションが登場する確率が高くなる

■現在、最も有望な次世代テクノロジーはロボットと人工知能。関連銘柄は、場合によってはバブル的な水準になる可能性がある

第6章

金と石油、そして通貨をめぐる攻防

金は通貨より信用できるのか

私たちは貨幣経済にどっぷりと浸かって生活しています。貨幣がなければ、投資をすることさえできなくなります。

しかし、よく知られているように、現在の貨幣制度の下では、貨幣は単なる共同幻想でしかありません。皆が価値があると考えているので、その価値が維持されるという、極めて自己矛盾的な存在といってよいでしょう。

このため一部の人は貨幣に対して疑念を抱き、そのアンチテーゼとして金や石油などの実物資産を好みます。しかし、これら実物資産の価値は結局、貨幣で評価されるので両者の関係は表裏一体です。

歴史を振り返ってみると、投資家の心理は、貨幣と実物資産の間を行ったり来たりしています。**基軸通貨に対する不安が増加すると、実物資産が買われ、通貨に対する信頼が増すと、実物資産は売られるのです。**

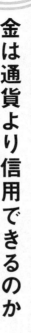

私たちは、このメカニズムをよく知ることで、その国の経済の長期的な動きを理解することができます。また、投資家の心理の裏をかけば、大きな利益を上げることも可能となります。

■現在の価値に置き換えたチャートを見る

リーマンショック以降、金価格はめざましい上昇を続けてきました。

金価格は2005年頃から上昇を始め、リーマンショック後には、ドル不安が増大したことから、さらに上昇スピードが加速しました。米国は量的緩和策を発動し、何とか危機を乗り越えたのですが、大量のマネーが市場に供給され、これが金価格の上昇をもたらしたわけです。一時は1トロイオンスあたり1800ドルを突破していました。

しかし米国経済の復活がはっきりしてきた2013年頃から金価格は下落に転じ、2014年時点では1トロイオンス1300ドル前後で取引されています。

金価格は米国経済と通貨制度に対する映し鏡のようなものと考えてよいでしょう。米国経済は限界に来ており、再び世界的な金融恐慌が発生するのではないかと考える人は、価格が下落した今が投資のチャンスであると考えているようです。こうした人の中には、ドルを基軸通貨とする現行の金融システムに対して根強い不信感を持っており、一部は金本位制への回帰を主張しています。

金本位制は所有している金の保有量に応じてしか通貨を発行できないという仕組みであり、柔軟な金融政策を実施することができません。不況になっても、その状態を放置せざるを得ないなど、現代社会では適用しにくい部分があります。

このため、金本位制に回帰する可能性は極めて低いというのが標準的な見解なのですが、現在でも金本位制に対する一定の支持は存在しているのです。

一方で、米国は新しい成長フェーズに入っており、金の長期的な上昇トレンドは終了したと見る市場関係者も少なくありません。こうした人たちは、金はあくまで投資対象のひとつでしかなく、割安な時に買って、割高な時に売るものということになります。

どちらが正しいのかは分かりませんが、人々の心理が、貨幣と金との間で揺れ動いているのは事実のようです。

左図は、ニクソン・ショックによって、金とドルの兌換が停止され、現在の管理通貨制度が始まった1970年代以降の金価格を示したチャートです。ひとつは実際の

金価格の推移

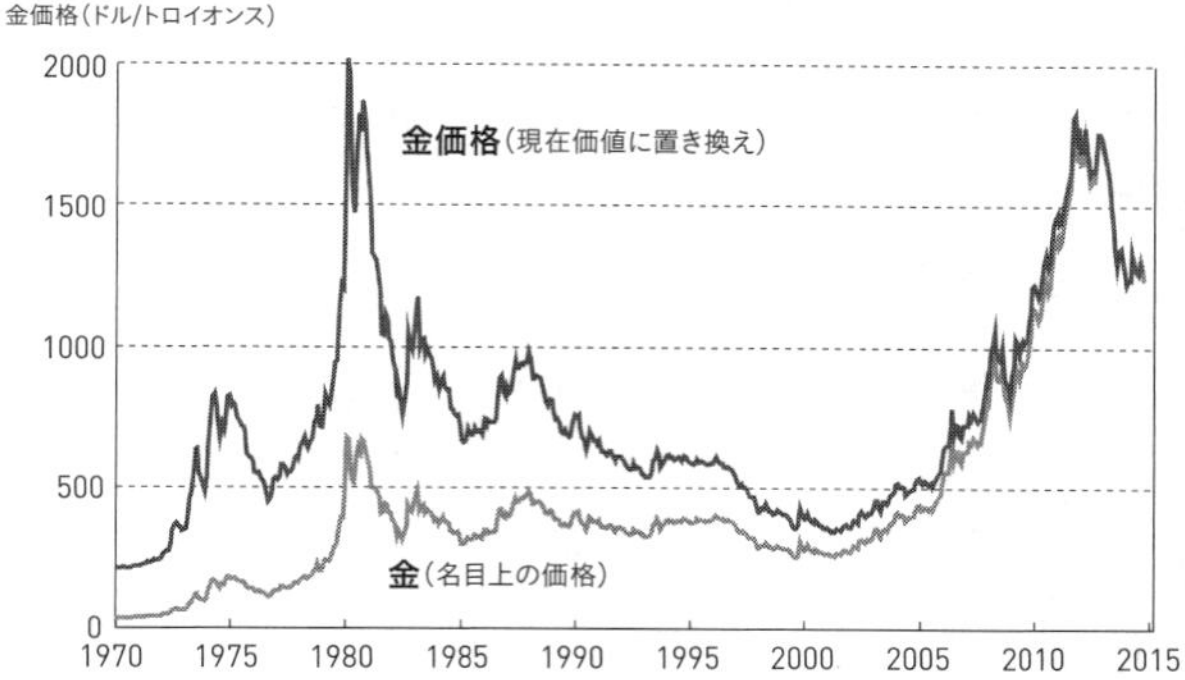

価格ですが、もうひとつは、物価水準を考慮し、現在の価値に置き換えた金価格です。

名目上の金価格は40年の間に約35倍に上昇しています。ニクソン・ショックはドルという通貨に対する不安が背景にありますから、名目上の金価格で判断すると、ドルの価値は激減していることになります。

しかし、金の価格について、物価を考慮した形でチャートにしてみると、また違った姿が見えてきます。**金価格を現在の価値に置き換えたチャートでは、金価格は過去のピークを超えていません。**

過去、最も金価格が上昇したのはドル不安が最高潮に達した１９８０年のことになります。リーマンショック後、ドルに対する不安が増大しましたが、１９７０年代と比較すれば、大したレベルではありません。

そうなってくると、今回の金価格の上昇は、前回のピークを超えることなく、1800ドル前後で下落に転じることは、ある程度予測できたことになります。

実際、著名な投資家であるジョージ・ソロス氏は、金を大量に購入していましたが(厳密には金ETF)、現在価値ベースの金価格がピークとなった2013年12月に多くを売却し、大変な利益を上げました。

ソロス氏はもともと哲学者を志しており、歴史への造詣が深いといわれる投資家です。おそらくソロス氏の頭の中にはこうした歴史的経緯がしっかりと刻まれていたのでしょう。

STUDY

□ 金本位制

金を通貨価値の基準とする制度。中央銀行が、発行した紙幣と同額の金を常時保管し、金と紙幣との兌換を保証する。金の保有量に応じた額しか発行できないので、中央銀行の信頼性は高まるが、機動的な金融政策は実施できない。

ビットコインは現代の金本位制

歴史的に見ると、私たちは金に対して、一般に思われているほどの価値を見出していないことが分かります。むしろ通貨に対する信用度合いのバロメーターとして機能しています。

そういった意味でも、現実に金本位制への回帰は考えにくいということになるのですが、金本位制のアイデアが完全に過去のものになったわけではありません。

その証拠に、つい最近、現代の金本位制とも呼べるシステムが自然発生的に登場してきました。それは**ビットコイン**です。

■ビットコインは「仮想通貨」ではない

ビットコインは2009年に登場したインターネット上の仮想通貨です。ただし、多くの既存通貨とは異なり、発行元になる国家もしくは中央銀行は存在しません。しかしビットコインが根拠のない、いい加減な存在なのかというと、そうではありません。**ここではとりあえず「仮想通貨」と表記していますが、その内実は「仮想」ではなく、ホンモノの通貨といってよい存在です。**

ビットコインは取引を行うたびに、それが正しい取引なのかを数学的アルゴリズムを使って検証しますから、運用には大量のコンピュータが必要となります。

ビットコインは全体を監督する国家や中央銀行が存在しない代わりに、ビットコインに賛同する世界中の人々が、自身のコンピュータを検証作業用に提供することで、全体の信頼性が保たれています。

では、コンピュータの処理能力を提供した人はボランティアなのかというとそうではありません。

検証作業に要した作業量（計算量）に基づいて、彼等にはビットコインで報酬が支払われます。鉱山で手間をかけて採掘した金の代わりに、コンピュータで手間と時間をかけて計算した作業そのものに価値があるとみなし、これを通貨価値の基礎としているのです。この作業は金鉱をイメージし、マイニングと呼ばれています。

ビットコインの総量はあらかじめ決められており、採掘をする以外にその量を増やすことはできません。

経済学的に考えると、これは現代の金本位制であり、そこに、投下労働価値説の考え方をミックスしたものといってよいでしょう。

この通貨システムを発明したとされる「ナカモト・サトシ」氏（日本人なのかも含めてプロフィールは不明）は、この両者を参考にビットコインを設計したと見てほぼ間違いありません。

ビットコインは当初は物珍しさもあって、バブル的な相場となり、既存通貨との交換レートが乱高下しました。さらに日本にあった世界最大の取引所において、ハッキングによってコインが盗まれ、破たんするという事件が発生してしまいました。これが、混乱にさらに拍車をかけてしまったのです。

その一方で、ビットコイン関係のサービスは着実に実績を積み上げており、米国では機関投資家の一部が投資対象としてビットコインを組み入れるようになってきました。2019年には米フェイスブックが、独自の仮想通貨リブラの構想を打ち出すなど、仮想通貨に対する社会への認知度も上がっています。

先ほど説明したように、ビットコインは金本位制と同じですから、一定量以上の通貨を供給することができません。

したがって、ビットコインが資産保全手段、あるいは決済手段として普及することになれば、既存の通貨との交換レートはどこかのタイミングで一定のレベルに収束してくるはずです。

■通貨に必ずしも国家の保証はいらない

ビットコインがこのまま順調に通貨として普及することになれば、非常に画期的な出来事といえるでしょう。ビットコインは国家によって一元的に管理されることなく、通貨としての信用を確保することになるからです。

多くの人は、通貨というものは国家が一元的に管理しないと存在してはいけないものと思っています。しかし必ずしもそうとは限りません。通貨というのは、多くの人が通貨と認めれば自然に価値を持ち、流通する性質を持っています。

香港ドルのように、香港特区政府の監督下とはいえ、民間銀行が発行する通貨もありますから、国家が一元的に管理したり、国家の絶対的な信用がないと通貨として機能しないというわけではないのです。

このことは、日本が戦前に採用していた金本位制の実態を見ても分かります。

教科書には、日本は日清戦争の勝利で得た賠償金をもとに金本位制を開始したと書いてありますが、厳密にいうとこれは正しくありません。

清は日本に金の支払いができず、当時の覇権国である英国に対して外債を発行し、金の価値に相当するポンドを借り入れ、それを日本に支払いました。

ポンドは英国が保有する金を裏付けとして発行されたものですが、金そのものではありません。しかし日本政府はこれを金とみなし、信用ある通貨を担保に、日本円を発行したのです。今でいえば、日本政府がドルをたくさん持っているので、日本円には信用がありますといっているのと同じことになります。

これは考え方によっては、かなり危うい通貨に対する信用です。しかし現実に日本円は、英ポンドを担保にしっかりと価値を維持し、流通していました。

つまり、当時の明治政府のように、政府に対する信用があまりない状態であっても、そして、価値の根源がどこに存在するにせよ、多くの人がそれを価値のあるものと認めれば、通貨は成立するのです。

ひるがえって、ビットコインは、通貨の信用力を担保するために費やした労働力がその価値の源泉になっており、非常に地に足がついたものです。皆が貴重だと思うからという理由で絶対的な価値が生まれている金よりも、考えようによっては信頼できる存在なのかもしれません。

政府による管理が絶対条件ではないことを考えると、ビットコインが通貨として普及しても何ら不思議はないわけです。

哲学的な話はともかく、ビットコインが金本位制に近い存在なのだとすると、ビットコインは今後、金と同じような値動きをする可能性があります。つまり既存通貨に対する信用が低下すると買われ、既存通貨への信用が高まると売られるという図式です。

ビットコインをポートフォリオの一部に組み入れようと考えている人は、このあたりについて考慮に入れておくとよいでしょう。

STUDY

□ **国家と通貨発行益**

国家は一般に政府の管理外で流通する通貨の存在を望まない。その理由は、通貨を発行する主体だけが享受できる通貨発行益（シニョリッジ）を手放したくないからである。

原油の価格安定を崩したもの

金と同様に石油も有力な実物資産とみなされています。原油価格は70年代のオイルショック以降は、比較的安定的に推移してきたのですが、このところ再び状況が騒がしくなってきています。

石油の需給をめぐるキーワードは2つあります。ひとつは新興国の経済発展による需要の増大です。もうひとつは米国のシェール革命による供給の増加です。長期的には、相反する2つの要素のどちらが有力になるのかで、石油の価格はまったく異なった方向に進むことになるでしょう。

■経済成長のエンジンだった原油

近代工業化以後、1900年代に入るまで、産業の基本となるエネルギー源は石炭でした。しかし、1860年前後に石油の精製技術が開発され、相次ぐ油田の採掘によって原油価格が大幅に下落します。そして1890年頃からは、本格的に石油が工業利用されるようになってきました。

1900年代に入ると、艦船の動力源が石炭から石油へと切り替わり、第一次世界大戦前後には石油へのシフトが急速に進むことになります。

最終的に石炭は暖房用途や一部の火力発電など、コスト面で制約がある分野でしか使われなくなりました。

原油の安定的な供給は、世界的な経済成長のエンジンですから、米国は世界戦略のひとつとして、原油の支配を第一に考えてきました。その結果、第二次世界大戦後、しばらくの間は、石油の価格は安定的に推移してきたのです。

この状況を大きく変えたのが、**1973年と1979年の二度にわたって発生したオイルショック**です。オイルショックは産油国の状況で世界経済が大きな影響を受けることを多くの人が身をもって体験するきっかけになったわけです。

オイルショックの影響はその後、沈静化しましたが、最近になって、再び原油価格が大きく動き始めています。

当初は、新興国の急速な経済発展によって石油の需要が急増し、石油が足りなくなるのではないかという危機感からの上昇でした。リーマンショック前の好景気の時期には、その傾向が非常に顕著となり、原油価格は一気に上昇していきました。

ところが最近ではこれと逆の動きが目立つようになってきました。新興国の景気減速に加え、米国のシェールガス開発の進展によって、今度は供給が過剰になるという懸念が出てきているのです。

リーマンショック前の2005年には1バレル60ドル台だった原油価格は新興国の需要拡大懸念から一気に上昇し、2008年には130ドル台になります。リーマンショックで一時下落したものの、その後も勢いは衰えず、2012年以降は100ドルを超えることが多くなっていました。

しかし、この原稿を書いている2014年11月には、欧州と新興国の景気見通しの悪化によって、原油価格は70ドル台まで下落しています。産油国が減産していないという需給要因も大きく影響したようです。

■オイルショック以降不安定になった原油供給

こうした短期的な動きに私たちはつい翻弄されてしまうのですが、腰を据えて投資

原油・石炭価格の推移

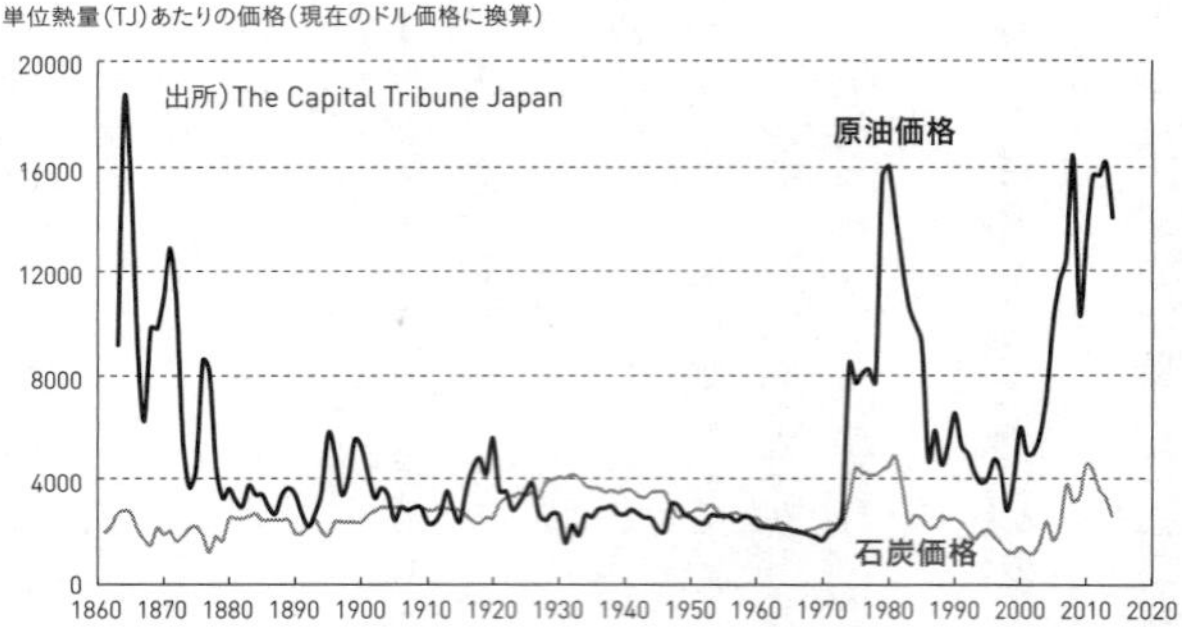

に取り組むためには、もっと長いスパンでの値動きを知っておく必要があります。

上図は石油が使われるようになってから現在までの約１５０年間の原油価格の値動きを示したものです。名目上の原油価格は１００倍以上に値上がりしていますから、分かりやすいように金価格と同様、現在の価値に置き換えて表示しています。

また、このチャートには、同時に石炭の価格も表示してあります。石炭と石油は発生する熱量や取引単位が異なります。両者について、同じ条件で比較することができるよう、単位熱量あたりの数字に調整してあります。

原油の精製方法が確立し、生産が安定してきた１８９０年以降、原油価格は長期にわたって安定的に推移してきたことが分かります。第一次世界大戦や第二次世界大戦など、供給が逼迫《ひっぱく》する事態の発生で一時的な値上がりが見られましたが、それほど大きな動きではありません。

この状態が大きく変わったのは、オイルショック以降ということになります。オイルショックは、非常に政治的な要素が強く、このことが不安を増大させた可能性があります。**しかし、ここ数年の原油価格の高騰は、このオイルショックに匹敵するレベルとなっています。**

しかも、ドル不安の解消とともに落ち着きを取り戻した金価格とは異なり、下落したとはいえ、原油価格はいまだに不安定な状態にあるといってよいでしょう。

最終的に原油価格がどうなるのかは、シェールガスの開発によって、世界最大の石油消費国である米国の消費動向がどう変わるのか、また新興国の今後の人口増加がどの程度なのかにかかっているようです。

通貨の映し鏡としての原油価格のゆくえ

米国におけるシェールガス開発が進展していることで、米国がエネルギーの自給が可能となりつつある現状は第2章で説明した通りです。

現在、米国は自国が消費するエネルギーの8割を自給できる状況となっています。しかし、シェールガス開発が進んだことによって、2035年までにこの比率を9割まで高める方針です。

米国はエネルギーの自給が可能になるからといって、中東からの原油の輸入を停止することはありません。安全保障上の理由があるからです。しかし、米国向けの輸出は徐々に減ってくると考えるのが妥当でしょう。

1日あたりの全世界における石油の消費量は約9100万バレルなのですが、米国は何と1900万バレルの石油を消費しています。つまり米国だけで世界の石油の2割を消費しているわけです。

米国における石油消費量１９００万バレルのうち、１０００万バレルは自国で産出されたものです。残りの９００万バレルは中東など海外から輸入されたものになります。米国の石油自給によって、潜在的には全体の約１割の石油が余る計算になります。これは原油価格にとってかなりの下押し材料となります。

一方、人口の増加や新興国の経済成長によって石油の需要は伸びることが予想されます。世界人口は２０３５年までに20％伸びる見込みですが、その多くはアフリカです。アフリカの石油消費量は１日あたり３６０万バレル程度しかなく、米国の２割、世界全体の４％程度しかありません。

アフリカの人口増加や経済成長が急激だといっても、ここ20年程度の期間では、米国の生産拡大による供給過剰の影響の方が大きいと考えられます。

■石炭や原子力の存在も考慮に入れる必要が

原油価格の上昇にはさらに制約条件があります。それは石炭の存在です。

石炭はその扱いにくさや煤煙《ばいえん》の多さなどから敬遠され、国際的に見て供給過剰にあります。戦前までは石油価格と石炭価格に大きな差はありませんでしたが、戦後、石油への需要が高まるにつれて、石油と石炭の価格に乖離《かいり》が生じるようになってきました。今となっては、使いにくいものの、かなり安価なエネルギー源となっているのが現実です。

石炭は、敬遠されているとはいえ、火力発電所のエネルギー源として今でも活用されています。もし石油価格の高騰が続いた場合には、石炭火力にシフトするという選択肢も残されているわけです（温室効果ガスという問題は残されていますが）。

このため、途上国の需要が急激に高まったとしても、無制限に石油価格が上昇する可能性は低いと考えられます。

さらに不確定な要素としては原子力があります。

現在、欧州では再生可能エネルギーに対する期待が高くなっています。放射性廃棄物の問題もあり、従来型の原子力は、どちらかというと縮小する方向性と考えてよいでしょう。

ただ、この状況も永久にそうである保証はありません。

原子力の分野は意外とイノベーションのスピードが遅く、現在主流となっている軽水炉は50年近く、基本的な構造が変わっていません。しかし、米マイクロソフトの創業者であるビル・ゲイツ氏が、安全レベルの高い小型原発を開発する企業に投資をするなど、原子力の分野にも、いくつかブレイクスルーが出てくるのではないかとの期待が持たれています。

もしこの分野で画期的なイノベーションがあった場合には、従来の軽水炉に比べて、より安全に原子力エネルギーを活用できるようになるかもしれません。そうなってくると、石油へのニーズはますます低くなることになります。

結局のところ、石油は、需給的には供給過多の状況になりやすく、産業資源として逼迫するという事態にはならない可能性が高いでしょう。

そうなってくると、投資家の立場としては、金と同様、通貨に対する映し鏡の商品であると理解した方がよさそうです。

STUDY

□ 原油の埋蔵量と採掘可能年数

原油の埋蔵量は、技術の進歩や経済情勢によって常に変動する。このため、以前は30年程度といわれていた採掘可能年数は、ある統計では2013年末に53年とされており、今後もさらに延びる可能性が高い。

第6章のまとめ

■金と通貨は、表裏一体の関係となっている。
通貨に対する不安が増大すると金は買われ、
通貨に対する信用が増すと金は売られる

■現在の価値に置き換えた金価格の推移を見れば、
2013年以降の金価格低迷は
ある程度、予想することが可能である

■ビットコインは現代の金本位制である。
もし普及すれば、金価格と同じ値動きとなる可能性がある

■原油価格も基本的には金と同様、
通貨に対する信頼によって価格が上下する

■米国のシェールガス開発の進展によって、
今後石油は供給過剰となる。
長期的に価格は下落する可能性が高い

第7章

長期投資は安全に儲かるのか

リスクとリターンの本当の関係

長期投資を行う最大のメリットは、日々の株価変動に一喜一憂しなくても済むという点です。しかし、日々の株価に煩わされないことと、長期投資が安全であるということはまた別問題です。

では実際、長期で投資をするとどのくらい儲かるのでしょうか？

長期投資を勧める本などでは、複利の効果について強調しています。1年あたりの利回りは低くても、複利であれば、最後には大きな金額になるという話です。

本書の冒頭でも紹介しましたが、過去130年間で日本の株価は約8000倍に上昇しました。年間収益率に換算すると平均約7％です。

年間7％ということは、100万円が1年経つと107万円になっている計算になります。さらに次の年には107万円に対して7％となりますから、114万4900円になります。こうして10年間投資を続けていけば、資金は約2倍に増えているという計算になるわけです。さらに20年ともなると、資産は４倍近くに膨れ上がっています。

■株価のブレのメカニズム

しかし、この数字はあくまで１３０年間の平均値であって、毎年このリターンが得られる保証はありません。７％のリターンどころか２割下がってしまう年もありますし、逆に３割上昇する年もあるわけです。こうしたリターンのブレを数値化したのが、リスクという概念です。これは数学でいうところの標準偏差に該当します。

期待されるリターンが10％という株式があった場合、１００円を投資したら、１年後には１１０円になることが期待されているということになります。

一方、リスクも10％あるということであれば、１年後に期待されるリターン（この場合は１１０円）から、たいていの場合（厳密には約68％の確率で）上下に10％以内の範囲でブレるということを意味しています。つまり１１０円±11円（１１０円の10％ということ）となり、99円から１２１円の範囲まで株価がブレる可能性が高いというわけです。

左ページの上図は**戦後60年間の日本の株式市場（TOPIX）における年率リターンの分布**を示したものです。この分布が**正規分布**だとすると、平均リターンは9・8%となります。またリスク（標準偏差）は28・7%と計算されます。

つまり日本株は過去60年間の実績からすると、年間平均9・8%値上がりしていて、その変動幅は約68%の確率で±28・7%の範囲に収まっているということになります。

これだけは無味乾燥なので、もっと具体的にイメージできるようシミュレーションしてみました。この条件が今後も続くとして、将来、10年間にわたって投資した資産がどうなっているのかを、モンテカルロ法というやり方で2000回の試行を行った結果が下図になります。

こうした分析には、通常、正規分布と呼ばれる確率分布が用いられるのですが、近年、正規分布は数学的には美しくても現実社会をうまく反映していないという批判が出ています。

正規分布の代わりに注目を集めているのが**ベキ分布**というものなのですが、このシミュレーションではベキ分布を使用しています。したがって、正規分布と比べて、より現実の感覚に近い結果が得られているはずです。

左ページの下図の横軸は投資リターンを示しており、投資をスタートした時点での

戦後の日本株におけるリスクとリターン

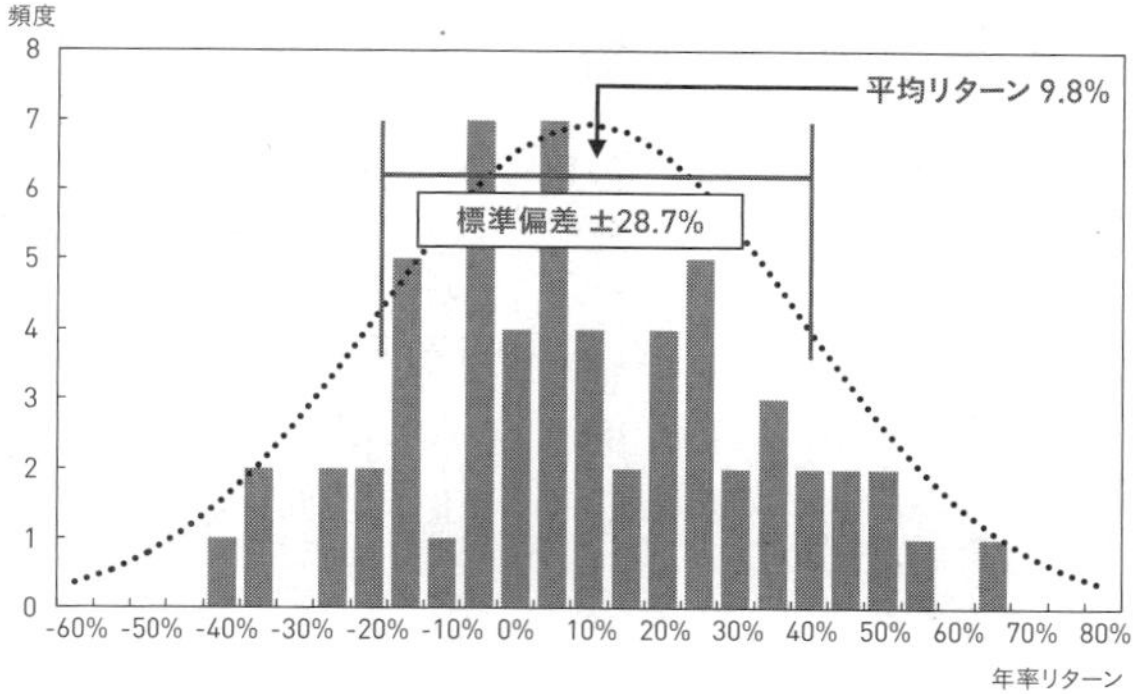

10年間の投資結果に関するシミュレーション

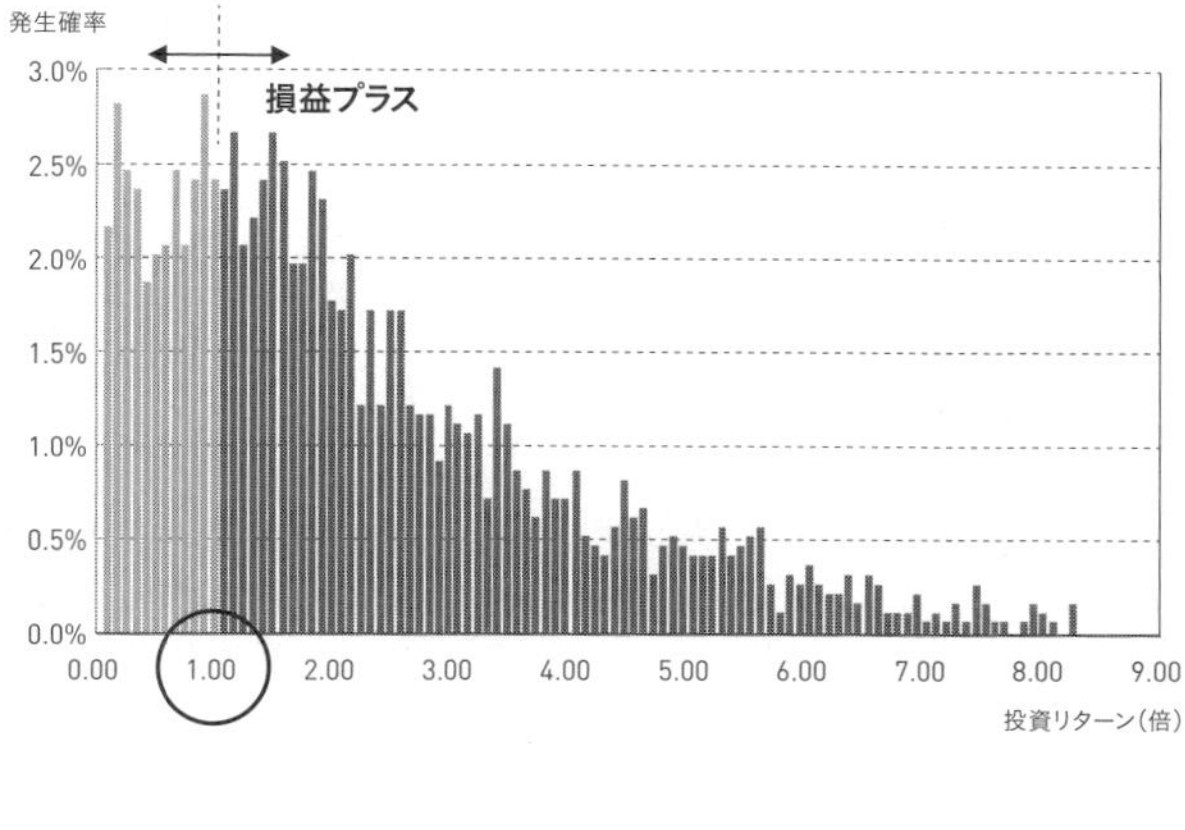

金額を1とした場合、10年後に何倍になっているのかを示しています。縦軸はそうなる確率を示しています。

例えば、投資リターンが1・0倍、つまり10年間投資して損も得もしない場合は、全体の約2・4％存在しているということになります。

平均リターンは9・8％ですから、平均値が10年続いた場合には、資産は約2・5倍になっている計算です。しかし、連続して下落してしまうケースもあれば、一方でそれ以上の上昇が続くケースもあるため、最終的には図のような分布になるわけです。

■「10年で資産2・5倍以上」は3割

このシミュレーションでは、資産が増えた人は全体の約7割、逆に元本割れした人は約3割という結果になりました。

資産が増えたのか、減ったのかという点ではまずまずの結果かもしれませんが、平均リターンが9・8％の投資商品を10年間運用した結果であることを忘れてはなりません。

平均値である2・5倍以上を達成した人は、全体の約3割にすぎません。つまり平均値以上を達成する人が3割いる一方で、元本割れになっている人も3割いるという結果なのです。また確率は低いですが、資産を5倍以上に増やした人も8％ほど存在しています。

株式投資はそれほど簡単なものではありませんが、魅力的な投資対象でもあることが、よくお分かりいただけると思います。

長期投資を実践する場合には、このあたりの感覚を頭に入れておくとよいでしょう。

STUDY

□ **正規分布とベキ分布**

正規分布とは、平均値を中心に前後同じ程度にバラついている左右対称の分布。ベキ分布は、大きな値に向かって緩やかに裾野を延ばしていく形状の分布。その長く延びていく部分はロングテールとも呼ばれる。自然現象の中にはベキ分布に従うものが多いことが知られるようになった。

長期投資＝低リスクではない

長期投資は魅力的な投資手段であると同時に、相応のリスクもあるということが、先ほどのシミュレーションからも分かると思います。長期であれ、短期であれ投資にはリスクがつきものであり、それは期間によって変わるものではありません。

しかし、長期投資を勧める投資信託などの宣伝文句には、長期投資は低リスクであるといったような表現も見受けられます。これはいったいどういうことなのでしょうか？

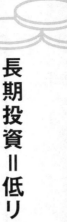

■長期はバラツキが小さくなるだけ

長期投資は短期投資に比べてリスクが低いという記述は、ある意味では正しいのですが、多くの人には誤解されて伝わっています。というよりも、リスクが低いというイメージの方が証券会社には好都合なので、あえてそう表現しているといった方が正確かもしれません。

つまり、ここでいうリスクの定義と多くの人が考えるリスクの定義が異なっているのです。

多くの人は、リスクが高い＝投資した資金が減る確率が高い、リスクが低い＝投資した資金が減る可能性が低い、と考えます。

しかし、先ほども説明したように、金融工学の世界では、リスクというものは、１年間の間に、想定されたリターンを中心に、どの程度の範囲でブレが発生するのかという定義になっています。先ほどの日本株の例でいくと、期待リターンは９・８％ですが、リスクは28・７％あるわけです。これは、約68％の確率で±28・７％の範囲に株価が収まっていることを示しています。

１年間のリスクはこの程度なのですが、これが何年も継続した場合にはどうでしょうか？　サイコロをイメージすると分かりやすいですが、何回も振っていると、ある目がでる回数にバラツキはなくなり、一定の範囲に収束してきます。これと同じように、年率換算した株価変動のバラツキは期間が長くなるほど小さくなってくるのです。

証券会社などでは、これをリスクが小さいと解釈しているわけです。多くの投資家は年間の平均的な株価の変動ではなく、最終的に自分の資産がいくらになったのかを気にしています。**資産が減ってしまうということをリスクと考えるなら、長期投資にしたからといってリスクが減るわけではありません。**

また期待リターンというものも少々クセモノです。期待リターンというのは、あくまで過去の事例をもとにした平均値にしかすぎません。期待リターンが7％だといっても、将来にわたって、その7％が継続されるのかは誰にも分からないのです。

筆者は長期投資に対して少しネガティブなことを並べましたが、もちろんそれは長期投資を否定してのことではありません。本書は過去の歴史に学ぼうというスタンスで書かれており、長期投資を行うことをある程度前提にしています。

また筆者自身のポートフォリオも、長期的に投資をすることを前提としたものになっています。

先ほど、過去の平均リターンである7％が将来も継続するのかは分からないと述べましたが、筆者は数字が7％なのかどうかはともかくとして、今後も、株式投資のリターンは比較的高い水準で推移すると判断しています。その理由は、企業に要求された利益水準が大きく低下するとは考えにくいからです。

■株価は上昇が宿命付けられている？

企業は事業を行い、そこから利益を上げることを目的とした組織です。事業を行うためには資金が必要ですから、投資家から株式という形で経営権と引き換えに資金の提供を受けるわけです。

資金が必要であれば銀行から借りるという方法もありますが、銀行はあくまで「金貸し」が商売です。銀行は貸したお金の元本回収と金利の徴収が仕事ですから、お金がなくなるような大きなリスクは取れないわけです。銀行が原則として担保を要求するのはこうした理由からです。

企業は最悪の場合、倒産するリスクがありますから、企業に無担保で資金を提供する株主は、銀行が徴収する金利よりもはるかに高いリターンがないと納得しません。このため企業は、利益の中から毎年の配当金を支払うだけでなく、事業を継続的に成長させ、株式の価値そのものを上げていくことが求められているのです。

継続的に利益成長ができなければ、株式に投資する投資家はいなくなってしまいますから、株式投資の期待リターンは、常に預金の金利などよりも高い水準で推移することになります。

■配当は成長鈍化の証？

もっとも株主に対して配当で報いるのか、株価の上昇で報いるのかは時代によって大きく変わります。

戦前の投資家は値上がり益も期待していましたが、高い配当を求める声も大きかったといわれています。今の株式市場では配当利回りが3％を超えていれば、かなりの高配当銘柄とみなされます。しかし戦前の株式市場では、10％を超える配当利回りとなっている銘柄が数多く存在していました。

この状況を大きく変えたのが戦後の高度成長です。

高い経済成長に伴ってインフレが進んだこともあり、投資家は配当よりも株価の値上がりを重視するようになってきました。株価の継続的な上昇が続いたことから、株式の配当利回りは常に債券の利回りを下回るようになりました。これを利回り革命と呼んでいます。

米国ではこの傾向がさらに強く、基本的に配当をしないという企業も少なくありません。成長力がある期間は、配当をせず新しい投資に資金を回すことで、さらに企業の成長を加速させます。投資家もこれを評価して株価は上昇することになるわけです。

ある程度企業が成熟し、利益成長に限界が見え始めたところで、企業は配当を本格的に検討するというフェーズに入ります。

米アップルはこのところ配当重視の方針を打ち出していますが、それはアップルの利益成長がそろそろ限界に達しつつあることの証明といえるのです。

STUDY

□ **配当利回り**

株価に対する年間配当金の割合を表す指標。一株あたりの配当金を株価で割って求める。株価が1000円で、配当が10円だった場合、配当利回りは1％となる。

金融工学はどこまで正しいのか

戦争やハイパーインフレといった、国家レベルの危機に陥るケースを除くと、一般的に長期投資を行う上での最大のリスクは、リーマンショックに代表される金融危機ということになるでしょう。

リーマンショックはその影響の大きさから100年の一度の危機などといわれています。しかし、危機が発生する前までは、多くの金融機関や投資ファンドなどが、金融工学に基づいた十分なリスク管理をしているので、金融危機が発生しても対処可能と説明していました。

しかし実際にリーマンショックが発生すると、従来のリスク管理システムはうまく機能しなかったことから、こうしたリスク管理の基本となっていた金融工学に対しても疑いの目が向けられています。

果たして金融工学の知見は長期投資に役立つものなのでしょうか？

■市場で人より儲けることは不可能なのか？

金融工学では、基本的に市場は常に効率的であり、株価の動きは確率的にしか予測できないという立場に立っています。

市場が効率的というのは、市場で株価に影響を与えるような情報は瞬時にして株価に織り込まれるので、誰か特定の人が、他の投資家と比べて大きな利益を上げることはできないという考え方です。これを効率的市場仮説と呼びます。

もし市場が完全に効率的であるならば、割安な株が放置されていたりすることはなく、売られすぎ、買われすぎといった、テクニカルな指標で株価を予測することも不可能ということになってしまいます。

効率的市場仮説を信じる人にとっては、世の中にある様々な投資手法はほとんど意味がありません。理論上、市場全体が本来持っているリターン以上の結果を得ることはできないからです。したがって、日経平均など市場全体を代表するインデックスに投資するのが最もよい投資であるという結論になります。

もちろんこの考え方に対して反対する人はたくさんいます。

著名な投資家であるジョージ・ソロス氏は、市場は人の心理に左右されるので、常に歪みが存在すると考えています。彼は有能な投資家であれば、その歪みを利用して大きな利益を上げることができると主張しています。

実際ソロス氏は、英国政府の介入によって人為的にポンド価格が吊り上げられ、実体価格との間に乖離が生じていると判断し、大規模なポンド売りを行って大きな利益を上げました。これは市場が効率的ではないことを利用した投資の典型例といってよいでしょう（もっとも、効率的市場仮説を支持する人は、ソロスの結果は偶然と考えます）。

日本でも根強い人気があるウォーレン・バフェット氏も同様です。バフェット氏はソロス氏のような派手な動きはしませんが、企業の財務諸表をそれこそ穴があくまで読み込み、本来であればもっと高い株価になっているはずのお宝銘柄を探し出し、自らのポートフォリオに加えることで、高いパフォーマンスを得ています。

どちらの考え方が正しいのかは、まだ決着が付いていません。

学術的には、市場はおおむね効率的であるという研究結果が得られていることが多いのですが、それだけでは１００％説明できない部分も残されているというのが現実です。

長期投資を行うという立場からすれば、両者の違いについてそれほど真剣に考える必要はありません。

株式市場が長期的に持つ期待リターン（日本の場合には7％程度）でよいと考えるのであれば、あまり無理はせず、ポートフォリオを組んでリスクを分散させることによって、市場リターンと同程度の結果が得られるはずです。面倒であれば、日経平均などのインデックスに連動する投信に投資をしても構いません。

もし市場が効率的ではないと考えるのであれば、このポートフォリオに対して工夫を加えていけばよいでしょう。割安な銘柄や、多少割高でも成長性が高いと思える銘柄を積極的に組み入れることで、うまくいけば、市場平均よりも高いリターンを得ることができるかもしれません。もちろん逆になる可能性もあり、市場リターンより悪い結果になることも考えられますので、そこは注意が必要です。

■株価は予想以上に上下にブレる

ただ、金融工学で想定されている株価のバラツキについては少し疑ってかかった方がよさそうです。その理由は、金融工学では正規分布という数学的に扱いやすい確率分布が便宜的に用いられており、これが実際の市場の動きを反映していないとする批判があるからです。

前の節で、戦後60年間の日本の株式市場（TOPIX）における平均の年率リターンは9・8%で、リスク（標準偏差）は28・7%であると述べました。

このことは、日本株は年間平均9・8%値上がりしていて、その変動幅は約68%の確率で±28・7%の範囲に収まっていることを意味しているのですが、変動幅の確率の計算はあくまでその分布が正規分布であるという仮定に立っています。

最近ではベキ分布など、より現実に近い確率分布を利用する試みなどが行われていますが、やはり主流は正規分布です。

正規分布では、極端なプラスやマイナスになる確率が低く計算されてきます。リーマンショックのような極端な下落を予測できなかったのは、この部分が大きく影響しているわけです。

株価は予想以上に上下にブレると考えた方がよさそうです。

テクニカル分析は無視できない

先ほど、金融工学の前提である効率的市場仮説について、それほど気にする必要はないと述べました。しかし、株価の動きに何らかの法則性があると考えるのかどうかについては、検討する必要があります。

効率的市場仮説では、当然のことながら株価はランダムに動くことになります。厳密にいうと、その銘柄が本来持っているフェアバリュー（本来の正しい価値）を中心にランダムに動くわけです。

バフェット氏のような、いわゆるファンダメンタルと呼ばれる財務データを重視する人は、フェアバリューに関する情報に歪みがあると考えています。この点では、効率的市場仮説を支持していないのですが、株価の動き方に法則性はないと考える人も多いので、その点では両者に共通点があります。

しかし、テクニカル分析と呼ばれる手法を駆使する人にとっては、株価の動きはある程度法則性があるということになります。

テクニカルな分析手法には、株価チャートの形から将来を予測したり、売られすぎ、買われすぎという指標を用いたりと様々なやり方があります。

テクニカルな分析手法で機械的に投資をした場合、市場の平均的なパフォーマンスを上回ることはないという結果が多く出ており、その点では、テクニカル投資は無効であるとする見解が主流です。

しかし、プロの投資家の世界においても、テクニカルな手法を投資の参考にしている人が多いというのは厳然とした事実なのです。おそらくその理由は、テクニカルな分析手法の中に、人間の心理を背景にしたものが含まれており、人間の心理にはある程度の法則性が存在する可能性が高いと考えられているからです。

そうなってくると、テクニカル分析手法で将来の株価を予測できるとまではいえなくても、市場の動きを分析する上で、参考にする点はそれなりにあるということになります。

■結局、経済の動きは人間の心理が決定する

ある国の株価の動向は、最終的にはその国の長期的な経済動向との関連性が高くなります。成長する国の株価は基本的に上昇を続けますし、成長しない国の株式のパフォーマンスは低くなります。

本書では、経済成長は人口や資本（マネー）、イノベーションによって決まると述べてきました。しかし、資本がどのような動きをするのか、イノベーションがなぜ発生するのかについては、実はよく分かっていません。ただ間違いなくいえることは、現時点でのマネーの動きは、将来のマネー量の予想から決定される可能性が高いということです。

例えば、将来インフレになる（マネーの量が増え、マネーの価値が下がる）と皆が考えれば、実際に物価は上昇し、結果的にマネーを増やさざるを得なくなってくるのです。その逆も成立します。将来、マネーの量が減ると多くの人が思えば、デフレとなり、結果的にマネーの総量は減ってくることになります。

こうした動きを政府の経済政策や中央銀行の金融政策である程度、コントロールすることはできますが、人の心理を最終的にコントロールすることはできません。

インフレやデフレによって経済環境が変わると、当然、ビジネス環境も大きく変化することになります。確証はありませんが、こうした経済環境の変化が、最終的にはイノベーションの源泉になっていると筆者は考えます。

そうなってくると、究極的に経済を動かす原動力は人の心理ということになり、人の心理にはある程度の法則性が見出せる可能性が高いのです。

筆者がテクニカル手法をあながち無視はできないと主張しているのはそうした理由からです。

■ランダムに動くということの本当の意味

筆者は、株式の期待リターンは今後もある程度の水準で推移する可能性が高いと考えています。その理由は、本章でも述べたように、企業に対する投資家の利益要求が減る可能性はほとんどないからです。

効率的市場仮説に基づいた場合、株価はフェアバリューを中心にランダムに動くことになりますが、そのフェアバリューは、常に上昇し続けています。投資家は常に企業に対して数%の利益率を求めているからです。

ただし、その利益率の水準は状況によって変わります。

市場でインフレが進んでいる時には、インフレ率より高い利益率が得られなければ株式投資をする意味がありません。このため、株式投資の期待リターンはさらに高くなります。

一方デフレの時には、相対的に低い利益率でも満足できることになりますから、インフレ時に比べればその利益率は低くなるでしょう。

結局のところ、市場が持っているインフレ期待にプラスアルファされるという形で企業には利益が求められることになります。そして、市場が持つインフレ期待はまさに人間の心理が形作るものです。

第1章では、長期的に大きなトレンドが形成されることや、成長と停滞が交互に発生し、景気には循環的な要素があることなどを説明しました。このことは、人間の心理が循環的であり、それによって市場に対して求める期待インフレ率が循環的に変化している可能性を示唆しています。

ただこのことをもってテクニカル投資で儲けられるということを意味するわけではありません。より大きな枠組みでは、何らかの法則性があるにしても、小さな枠組みでは、株価は限りなくランダムな動きをしているように観察されるからです。ここでいう法則性とはあくまで長期的なもののことを指しています。

第7章のまとめ

■長期投資を行ったからといって
確実に資産形成ができるわけではない。
短期でも長期でもリスクは同様に生じる

■10年間の長期投資のシミュレーションを行うと、
想定リターン以上の結果を得る人が3割出てくるものの、
逆に元本割れする人も3割いる

■今後も株価は継続的に上昇を続ける可能性が高い。
その理由は、企業に対して投資家が求める利益水準が
低下するとは考えにくいからである

■金融工学はおおむね正しいが完全ではない。
無効という説もあるテクニカル手法にも
あながち無視できない要素がある。
その理由はマクロ経済そのものが、
人の期待で動くものだからである

第8章

未来を見据えた投資戦略

今後の投資戦略を考える上で重要となる4項目

これまで、日本や世界の株式市場について、歴史的な視点で眺めてきました。日本の株式市場は、長い目で見た場合、大きな転換期に差し掛かっている可能性が高いと考えられます。

最終章では、そうであることを前提に、今後、具体的にどのような方向性で投資を進めていけばよいのか議論してみたいと思います。一部、本書でこれまで記述したことと重複しますが、ご容赦ください。

■経常赤字は悪ではない

今後の株式市場の動きを考える上で、押さえておくべきポイントは次の4つです。

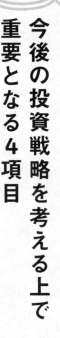

①日本の経常収支
②米国経済の動向
③インフレ期待
④日本の財政問題

戦後、一貫して黒字が続いてきた日本の経常収支の構造が大きく変わろうとしています。近い将来、日本は慢性的な経常赤字の体質に転落する可能性が極めて高くなっているのです。

これは超長期のトレンドを変化させる大きな要因のひとつであると考えられます。

ここで筆者は「転落」と書きましたが、厳密には正しい表現ではありません。転落というのは、明らかにネガティブなニュアンスですが、経常収支が赤字になるということは、あくまで収支がプラスかマイナスかという意味で、それ自体に、よいも悪いもありません。問題は経常収支の赤字化が何をもたらすかです。

世の中では、経常赤字＝経済危機といった図式で語られることが多いのですが、必ずしもそうではありません。米国のように経常収支の赤字が長く続いた国でも、順調に経済が成長するケースはたくさんあります。経常収支がその国に与える影響は様々であり、個別の分析が必要となるわけです。

ただ、歴史的にいえば、経済が成熟してきた先進国は、多くの場合、経常収支が赤字になる傾向が強くなっています。その動きに逆らうことなく、これをうまく活用することができれば、収支の赤字化は大した問題にはなりません。しかし、これに逆行するような政策を採用した場合には、弊害が出てくる可能性もあると考えた方がよいでしょう。

■製造業は新興国にキャッチアップされる

経常収支はおおまかにいうと、貿易収支と所得収支を合わせたものです。貿易収支は輸出と輸入の差額のことで、所得収支とは投資収益のことです。つまり輸出による儲けと投資による儲けを合算したのが経常収支ということになります（厳密にいうと儲けという概念にはならないのですが、ここでは分かりやすいように、儲けという言葉を使って説明していきます）。

戦後の日本は基本的に製造業による輸出で経済を成り立たせてきましたから、貿易収支はずっと黒字が続いてきました。貿易黒字で溜め込んだ外貨は、タンス預金されるわけではなく、基本的に海外で運用されることになります。輸出が順調であれば、貿易黒字に加えて投資収益（所得収支）が加わってくるのです。

一方、製造業は多くの国がそうであるように、いずれ新興国にキャッチアップされ、徐々に競争力を失っていきます。日本はかつて、米国や欧州に追い付き、米国や欧州の製造業を駆逐しましたが、今度は、韓国や中国から同じような攻勢を受けているわけです。

そうなってくると、同じ経常収支の黒字といっても、その中身は徐々に変わってきます。当初は、経常黒字のほとんどが貿易黒字でしたが、徐々に所得収支の額が多くなってきます。２００５年には貿易黒字の額を投資収益が上回り、日本は貿易立国ではなく、投資立国に変貌しました。

さらに近年になって、工場の海外移転が相次ぎ、日本の輸出そのものが減少してきたことで、とうとう貿易収支は赤字になりやすい体質に転落したわけです。

現在は、貿易赤字よりも投資収益が上回っている状態ですが、高齢化による貯蓄の減少で、経常赤字になりやすい体質に変化しつつあります。

要するに、日本は豊かになったことで、付加価値の低いものは、国内で製造するのではなく輸入で賄うようになってきたのです。これが貿易赤字が拡大する最大の理由なのです。

STUDY

□ 投資立国

日本における対外資産の運用利回りは約5%となっている。かつては投資先の多くが米国債だったが、最近では企業への直接投資が増えている。直接投資の比率を高めることによって、運用利回りを向上させ、経常収支を改善することができる。

経常赤字が意味すること

日本の経常赤字化は、基本的に日本が豊かになり、成熟国家に変わってきたことによって引き起こされています。

日本が途上国だった時代には、工業製品の大量生産で利益を上げればそれでよかったわけですが、そのようなコスト競争を韓国や中国と繰り広げるのはナンセンスです。また、日本国内で製造できるものであっても、付加価値の低いものは採算が合いませんから、誰も手がけることはしなくなります。結果として、より多くの製品を輸入に頼ることになり、経常収支は赤字に向かっていくのです。

これは世界的に見ても、歴史的に見ても、当たり前のことです。

経済学の世界には、国際収支がその国の成熟度に合わせて進化していくという「**国際収支発展段階説**」というものがあります。これはあくまで説であり、それが証明されているわけではありませんが、多くの国が同じ経過を辿っています。

国際収支発展段階説

項目	経常収支	貿易収支	所得収支	資本収支
1　未成熟な債務国	（赤字）	（赤字）	（赤字）	黒字
2　成熟した債務国	（赤字）	黒字	（赤字）	黒字
3　債務返済国	黒字	黒字	（赤字）	（赤字）
4　未成熟な債権国	黒字	黒字	黒字	（赤字）
5　成熟した債権国	黒字	（赤字）	黒字	（赤字）
6　債権取崩し国	（赤字）	（赤字）	黒字	黒字

発展段階には全部で6つあります。海外からの資金に頼る未成熟な債務国から始まり、債権国へと転じ、最終的には債権を取り崩すという流れです（上表）。

戦後間もなくは、焼け野原からの復興でしたから、日本の国際収支の統計データもかなり変動が大きい状態が続きます。

統計データが安定してくるのは1955年頃からなのですが、その時点で、すでに日本は第2段階である「成熟した債務国」のフェーズに入っていました。

当時の日本における貿易収支は黒字、所得収支は赤字、資本収支は黒字、経常収支は赤字でした。

積極的に輸出を行い、貿易黒字を溜め込んではいるものの、貯金は十分ではなく、投資による収益は少ないという状況です。また資本収支が黒字であることから、資金の一部は海外からの投資に頼っていたことが分かります。

しかし日本はその後すぐに、資本収支が赤字となり、資金提供を受ける側から資金を投資する側に回ります。発展段階説でいえば3の「債務返済国」に該当します。この時期には貿易黒字も拡大し、富の蓄積がさらに拡大しているわけです。

その後バブル経済を境目として、日本は輸出主導の途上国から成熟国に変化し始めます。海外投資の残高が増加し、投資収益が拡大してくるのはこの時代からです。発展段階説では4の「未成熟な債権国」ということになります。

そして、日本は震災をきっかけに、貿易赤字を投資収益がカバーするという、5の「成熟した債権国」となったわけです。ここで経常収支も赤字に転落すれば、最終段階である、6の「債権取崩し国」となります。

■経常収支が赤字でも何ら問題はない

これは、かつて先進工業国として世界の覇権を握った英国や米国が辿ってきた道です。

米国は1980年代からすでに慢性的な経常赤字になっており、資金の多くを海外から頼る状況となっています。しかし米国は逆に1990年代以降、めざましい経済成長を実現しており、空前の好景気が続いてきました。英国も同様で、ここ20年の英国経済は非常に好調です。

この事実は、経常収支の赤字化は、直接、経済成長とは関係しない、ということを如実に表しています。

経常収支が赤字ということは、先ほど説明したように、付加価値の低いものは、国内では生産しないということを意味しています。実際、米国の小売店で売られている商品の多くが、中国製や南米製です。

このことは、国内需要が旺盛で、国内の供給力だけではそれをカバーできない状態にあると解釈することもできます。大量のモノを輸入することで、たくさんのお金が海外に流出しますが、米国は経済活動が活発で、世界からお金が集まってきます。このため、不足する資金はすべて市場で調達することができるので、結果的に海外に流れたドルは、すべて国内に戻ってきているわけです。

このような流れを作ることができれば、経常収支が赤字であることは何らマイナスにはなりません。問題は、日本がこうした魅力的な資本市場を整備できるのか、あるいは、旺盛な内需を掘り起こせる経済環境を構築できるのかという点です。

これが実現できないと、経済は停滞し、一方で不足する資金を無意味に海外に頼るだけという状況になってしまいます。良質な資金は日本に集まらないでしょうから、資金調達条件が厳しくなり、さらに景気を低迷させる原因となってしまいます。

ところで、この国際収支発展段階説は、債権取崩し国の段階で終了しており、債権取崩し国になった国が、その後どうなるのかについては言及されていません。

しかしながら、一般的な解釈では、発展段階説は循環的な性質を持つとされており、もしそうであれば、債権取崩し段階が終了すると、どこかの段階に戻って新しいサイクルに入ることになります。

実は米国は、すでにその兆候が出始めており、新しいサイクルに入った可能性が高いと考えられています。

STUDY

□ **債権国と債務国**

債権国は対外債権が債務を上回っている国のことを指す。逆に債務の方が多い国を債務国という。日本は過去20年以上にわたって世界最大の債権国となっている。

シェール革命がもたらす新しい時代

米国はすでに、第6段階の「債権取崩し国」のフェーズを脱し、第4段階である「未成熟な債権国」に戻っている可能性が高いと考えられます。その原動力となっているのは、第2章でも述べたように、**シェール革命によるエネルギーの自給です。**

米国は1980年代以降、経常赤字が慢性化した状態にあり、ピーク時の2006年には年間80兆円近くの経常赤字を垂れ流ししていました。

しかし、リーマンショック以降、米国の経常赤字は急激に改善してきており、2013年にはピーク時の半分の40兆円程度まで減少しました。今後は、さらに経常赤字が減少する見込みとなっています。

その背景にあるのが、米国で進むシェールガス開発です。

米国はシェールガス開発の進展によって、近い将来、エネルギーのすべてを自給できるようになります。

すでに米国は安価なシェールガスを自由に使える環境にあり、米国は世界で最もエネルギーコストが安い国となっています。このため、ダウ・ケミカルやGE（ゼネラル・エレクトリック）といった米国の製造業が、次々と米国内に製造拠点を回帰させています。これによって、アジアなどからの輸入が減少し、経常赤字が減り始めているのです。

今後は、中東からの原油の輸入量も減ってくることが予想されます。

米国は毎年2000億ドルもの石油を純輸入していますから、米国の経常赤字のかなりの部分が石油の輸入で占められています。原油の輸入が現実に減り始めれば、米国の経常収支はさらに改善することになるでしょう。

もし貿易収支が黒字に転換するようなことになれば、4の「未成熟な債権国」に戻ることになります。

もっとも米国は、すでに十分な成熟国家ですから、付加価値の低いものまで自国生産する可能性は低いでしょう。新興国からの旺盛な商品輸入が継続する場合には、貿易黒字に転換するまでにはいたらず、5の「成熟した債権国」に戻る可能性もあります。

いずれにせよ、米国は若返る可能性が高く、相対的に有利な状況となります。先進国の中で唯一、人口が増加していることもこれに拍車をかけるでしょう。

■米国の経済状況は円安をもたらす

こうした状況は、米国の長期にわたる経済発展とそれに伴うドル高をもたらすことになります。

先ほど説明したように、日本はこれから慢性的な経常赤字化が予想され、米国は正反対に経常収支の改善が予想されています。

これは資金が日本から米国に移転するということであり、ここには大きなドル買い、円売りの圧力が生じることになります。そうなってくると、これまで続いてきた円高ドル安の長期トレンドが変わってくる可能性が指摘されることになります。

ドル円相場は、1971年に、米国が金とドルの兌換停止を発表した、いわゆるニクソン・ショック以降、多少の上下変動はありましたが、40年間、一貫して円高ドル安が続いてきました。

この大きな流れが変わる可能性が出てきたわけです。

政策的な要素もこれを後押ししています。日本は現在、量的緩和策を継続中であり、市場にマネーが大量供給される状態が続いています。一方、米国は量的緩和を終了しており、金融政策に関する焦点は、金利をどのようなタイミングで上げ下げするのかというモードにシフトしています。

このところ米中貿易戦争の激化によって米株が下落し、一時的に円高になるケースも見られますが、長期的に見た場合、円安を促す要素が多いというのが現実です。短期的な動きはあるにせよ、大きな流れとしては円安トレンドに転換したと考える方が自然でしょう。

STUDY

□ **シェールガス／シェールオイル**

地下深くの頁岩《けつがん》層に含まれる天然ガスや石油のこと。以前は採掘コストが高く無視されていたが、新しい採掘技術が開発されたことにより一気に注目が高まった。米国には大量のシェールガス／シェールオイルが埋蔵されている。

円安はインフレをもたらすが

為替が長期的な円安トレンドになっているのだとすると、日本は今後、インフレ傾向がより顕著になってくる可能性が高いと考えるべきでしょう。日本は貿易赤字の拡大で輸入依存度が高くなっていますし、円安は輸入物価を上昇させる効果があるからです。

問題はこうしたインフレ傾向が、経済成長を伴った健全なものになるのか、経済成長を伴わず物価だけが上昇する、いわゆるスタグフレーションを引き起こすものなのかという点です。そのカギを握るのは、日本企業の体質改善と、日本政府の財政再建であると考えられます。

■日本にスターバックスが生まれない理由

現在、日本企業のホワイトカラーの生産性は非常に低い状況にあります。生産性は、生産高を投入労働量で割って求められます。

生産性が低いということは、生産高が少ないのか、労働量が多すぎるのかどちらかということになります。

実際はその両方で、付加価値の高い製品やサービスにシフトできていない企業が多く、一方で、過剰な雇用を抱えていることが生産性を下げる原因となっています。

安倍政権は、企業に対して賃上げを要請するという異例の措置を実施し、労働者の賃金上昇を促しましたが、あまり目立った効果は上げられませんでした。その理由は、企業において労働者に分配できる賃金は、基本的に決まっており、生産性を向上させなければ、賃金を増やすことができないからです。

企業の生産性を向上させるには、ビジネスモデルを変革する必要があります。ソニーやパナソニックといったグローバルに活躍する企業であれば、アップルやグーグルといった企業と戦わなければなりません。

一方、内需系企業の場合には、より単価の高いビジネス形態への転換が必要となります。分かりやすい例でいけば、コーヒーとしては相当単価が高いにもかかわらず十分な利用者数を確保できているスターバックスのような業態を、多くの日本企業が自主的に開拓していく必要があるわけです。

介護や育児といった分野においても同様です。これらの分野は市場の拡大が期待されていますが、一方で旧態依然の事業形態が続いている世界でもあります。

こうした企業の体質改善を行うためには、人員の再配置など、痛みを伴う改革が必要であり、この段階を乗り越えないと、生産性と賃金の上昇はあり得ません。また介護や保育など、国の規制が大きく影響している分野では、やはり十分な規制緩和措置が必要となってきます。

アベノミクスでは当初、こうした痛みを伴う改革を前面に打ち出していましたが、途中からこうした改革案は後退する形となりました。最終的にどのようなやり方に落ち着くのかは、何ともいえない状況です。

こうした痛みを伴う改革が先送りされてしまった場合には、日本は成熟国家としてのメリットを享受することが難しくなってしまいます。結果として、インフレ率を大幅に超える株式のパフォーマンスは期待できないということになるでしょう。

■財政問題は企業の体質改善とリンクしている

企業の体質改善に加えて、もうひとつ超えなければならないカベがあります。それは日本政府の財政問題です。

第2章の繰り返しになりますが、日本政府は膨大な金額の借金を抱えています。日本国内では、日本政府は多くの資産を保有しているので問題ないという議論が多く聞かれますが、必ずしもそうとはいえない面があります。

資産を差し引いたネットでの比較でも、日本の政府債務の水準は突出して高く、グローバル市場から見れば、やはり財政危機のリスクが高い国と評価されやすい状況にあるのです。

しかも、日本政府が保有しているという資産のうち、かなりの割合が、独立行政法人や地方自治体への貸し付け、港湾や橋梁などで占められています。現実的に価値のある資産はそう多くありません。やはり日本の財政状況は深刻であると考えた方が自然です。

問題は、日本の国債が暴落したり、財政が一気に破たんしてしまうことではありません。このような破壊的状況にはならなくても、国債の価格が下落して、金利が多少上昇しただけでも、日本の財政は極めて苦しい状況に陥ってしまうのです。

グローバル市場で、日本の政府債務が過大だと認識されれば、やはり国債は売られてしまいます。もし国債の価格が下落して、金利が数%に上昇してしまった場合、日本政府の利払い額は、何と、税収とほぼ同じ水準に達してしまいます。

このような事態を避けるためには、大規模な増税や、年金・医療の大幅カットが避けられません。こうした措置は、経済成長の妨げとなり、企業収益を悪化させます。結果として、税収が増えず、財政が好転しないという悪循環に陥ってしまうわけです。

円安がもたらすインフレの効果を持続的な経済成長に結びつけるには、この2つの問題を解決しておく必要があります。経済成長率が高ければ財政再建は可能ですので、最終的には企業の体質改善が最大の課題ということになるでしょう。

STUDY

□ **円安とインフレ**

為替を変動させる要因には様々なものがあるが、長期的には、為替と物価との連動性は極めて高いことが知られている。日本の物価が本格的に上昇してきた場合、円安傾向はさらに顕著になってくるはずである。

米国への投資を検討してみる

これまでの話を整理してみましょう。

本書の前半部分で触れたように、超長期のスパンで見た場合、日本の株式市場は大きな転換点に差し掛かっています。

日本はバブル崩壊以後、30年間にわたって低迷が続いてきましたが、こうした長期低迷が30年以上継続した事例は歴史上存在しないのです。自然に考えれば、日本市場はそろそろ大きな転換点を迎えるタイミングに来ているのです。

これは企業における資本や労働の配分の長期的な動きを見ても同様です。

バブル崩壊以後、企業の資本と労働の比率は、一貫して資本の減少が続いてきましたが、このところ、逆転現象が顕著になっています。これは10年、20年単位での企業の収益構造が変化していることを示しています。企業のビジネスモデルが変化すれば、当然、市場は大きく動くことになります。

市場の変化がおおよそどのようなものであるのかは、マクロ経済の現状からある程度、推測することが可能です。

全世界におけるマクロ経済の状況は、以下のように整理することができるでしょう。

- **米国は旺盛な消費で世界経済を牽引**
- **米国は人口が増加するので、相対的に優位性が高い**
- **米中貿易戦争など不確定要素はあるが、基本的にはドル高傾向が続く**
- **一方、日本は緩やかに経常赤字へ**
- **円安が進展した場合、日本がインフレになる可能性は高い**

状況を総合的に考えると、他国と比べて相対的に有利な立場にあり、持続的な経済成長が期待できる米国の動きを中心に、今後の投資戦略を考えるべきという結論になります。

本書の初版を出して以降、最も大きかった変化は中国の台頭と米中貿易戦争の勃発でした。今後の中国の発展次第では、世界経済の秩序が変わる可能性もありますが、残念ながら中国は米国のようなオープンな市場ではありません。少なくとも投資という観点で考えた場合、米国市場の重要性は当分の間、変わらないでしょう。

■米国株は安定的な優良銘柄を選べばよい

長期的な経済の拡大が予想される米国市場から直接的に利益を得る方法は、やはり米国株へのダイレクトな投資ということになるでしょう。

米国経済が順調に拡大すれば、株価もそれに応じて上昇することになりますし、円安・ドル高ということになれば、さらに為替差益も期待できるかもしれません。もちろん日本株への投資でもよいのですが、日本株が上昇するのであれば、米国株はさらに上昇している可能性が高いですから、より多くの利益を得ようと思った場合には、やはり米国株へ投資するのがベストです。

米国には多くの上場企業があり、様々なスタンスの投資家のニーズを満たすことができます。しかし長期的なスパンで投資をするのであれば、やはり安定的な業績が長期間継続する可能性の高い、いわゆる優良銘柄への投資が最適でしょう。

これに加えて、より高いパフォーマンスを望むのであれば、バブル的株価を引き起こしやすい、テクノロジー銘柄をうまく組み合わせるということになります。

業種的には生活必需品のメーカーや公益企業、あるいは、グローバルに製品やサービスを展開する製造業などが最も安定的です。

例えば、生活用品大手の**P&G**（**プロクター&ギャンブル**）、ヘルスケア製品の**ジョンソン&ジョンソン**といった企業は、米国人のみならず、世界の消費者の生活にとってなくてはならない存在です。P&Gのシャンプーに対するニーズが明日から急になくなるということは考えにくいので、こうした企業は、長期にわたって安定的な収益を確保することができます。

大手スーパーやホームセンターなど小売各社も同様です。

ウォルマートは世界最大の小売りチェーンで、約1万店舗を有する巨大企業です。売上高は50兆円近くあり、日本の小売大手のイオンやセブン&アイ・ホールディングスなどとはケタが違います。こうしたメガストアは、完全に米国人の生活に密着していますので、大きな需要変動はありません。

米国特有かもしれませんが、**ホームデポ**などホームセンター各社も完全に庶民の生活に根付いています。米国では家を自分で修理するのは当たり前なので、ホームセンターの品揃えが半端な水準ではありません。こうした企業の収益はやはり安定的に推移すると見てよいでしょう。このほか日本でもよく知られていますが、量販店大手のコストコ・ホールセール、ターゲットなどもよいかもしれません。

ただし、こうした小売店にはネットという新しいライバルが登場しています。場合によってはイノベーションによって衰退する可能性がある業態ですから、この部分については注意が必要です。米国は製造業が衰退したというイメージがありますが、実際には、グローバルに事業を展開する製造業がたくさん残っています。

GE（**ゼネラル・エレクトリック**）はその代表格といえるでしょうし、建設機器の**キャタピラー**、化学大手の**ダウ・ケミカル**、さらにいえば、ソフトウェアや半導体などの業種も、こうした伝統的製造業の仲間入りを果たしていますから、**マイクロソフト**や**インテル**といった企業もこれに加えることができます。こうした企業は、世界の中で伸びる市場に柔軟に対処できますから、やはり長期的な安定成長が期待できます。

ハイリターンを狙う、イノベーション銘柄ですが、本書ではロボットや人工知能の分野が有望だと解説しました。しかし、こうした新しい技術はまだ市場に出ておらず、該当する銘柄がどれなのか特定することはできません。

しかし、技術の黎明期を過ぎ、株価がバブルを引き起こす境目である普及率10％前後になるまでには、それほど時間はかかりません。近い将来、急騰するであろうイノベーション銘柄は、もう目の前に生まれつつあると考えた方がよいでしょう。

日本企業に投資するなら

米国株はほとんどのネット証券が取り扱っていますので、それほど高いハードルではありません。しかし、為替など不確定要素も多く、やはり日本企業に投資をしたいという読者の方もいるかと思います。

そのような人は、先ほど説明した日本と世界における経済の動きに合致する国内企業に投資するのがよいでしょう。

最も分かりやすいのは、好調な米国市場で大きく稼げる企業に投資をするというやり方です。

日本を代表する自動車メーカーであるトヨタは、年間1000万台ほどの自動車を作っているのですが、このうち何と75%が海外向けの製品です。海外で最大の売り先となっているのは米国で、北米では約250万台を販売しています。

もはやトヨタは日本だけの会社ではありませんから、トヨタの業績を左右するのは日本経済ではなく、世界経済ということになります。

もっとも自動車業界は、EV（電気自動車）化と自動運転という100年に1度の変革期に差し掛かっています。こうした時代においては、業界秩序が激変する可能性があり、トップグループに位置するトヨタも大きな影響を受ける可能性があります。安定的な収益を得られる分野という認識は捨てた方がよさそうです。

自動車以外の製造業でも、基本的な銘柄選別の基準は同じです。米国市場拡大の恩恵を受ける可能性が高い企業を選択すればよいのです。

大型旅客機の内装を手がけるジャムコという会社があります。米国では今後、長期にわたる航空機需要の増加が見込めます。航空機の化粧室の分野における同社の世界シェアは50％もありますから、当分の間、有利なビジネスが可能でしょう。ボーイング社に機体の材料となる炭素繊維を供給する東レも同様です。

現在は低迷していても、今後の状況が変わるかもしれない業界もあります。

例えば、化学メーカー各社は、国内の需要低迷から苦戦が続いており、生産拠点を相次いで閉鎖しています。一方で、各社は米国での工場建設を積極的に進めています。現在、株価は低迷していますが、ビジネスモデルの転換に成功した場合には、米国の市場拡大の恩恵を受けられるはずです。

■サービス業ならソフトバンクのような企業に注目

トヨタは製品を作って売るという典型的な製造業ですが、サービス業においても、米国の需要を取り込む企業が有利になるでしょう。代表的なのがソフトバンクです。ソフトバンクは、日本国内に基盤を持つ携帯電話の会社でしたが、ここ数年の対外M&Aの加速で、これまでとはまったく異なる会社に変貌しました。

同社は、2013年7月、216億ドル（約2兆1600億円）を投じて、米国第3位の携帯電話会社スプリントを買収しました。その後、紆余曲折がありましたが、スプリントは同じく米国の携帯電話会社であるTモバイルUSとの合併を実現できる見通しとなっています。

さらにソフトバンクは、サウジアラビアと組んで、ソフトバンク・ビジョン・ファンド（いわゆる10兆円ファンド）を立ち上げ、ウーバーなど、シェアリング・エコノミー関連企業への投資を積極的に進めています。その後、同社は10兆円ファンドの第2弾の設立を発表しており、今後はAI（人工知能）関連に巨額の資金を投じる方針です。

高いリスクがありますが、米国市場もしくは世界市場の利益を取り込む体制が出来上がっているという意味で、同社には、長期的な収益拡大のチャンスがあると見てよいでしょう。

インフレを懸念するのであれば、物価上昇のメリットを最大限享受できる不動産銘柄がよいでしょう。

不動産関連に投資をする場合には、デベロッパーの株を買うという方法と、REIT（不動産投資信託）を活用して、ダイレクトに物件に対して資金を投じるという2つの方法があります。これは個人の好みにもよりますが、筆者はREITの方がベターだと考えています。

REITは日本の金融商品としては珍しく、利益のほとんどを分配金として投資家に還元しなければならないなど、投資家の利益が優先された商品です。この制度を見直そうという動きも一部にはありますが、投資家にとって相対的に有利な商品であることに変わりありません。

またREITの場合、どの物件に資金を投じているのか、すべてチェックすることが可能です。自分の目で投資対象を確かめることができるので、透明性という点でも有利です。

ただ、先にも触れたように、日本には財政問題と企業の体質改善という2つの大きなリスク要因があります。

グローバル展開や体質改善に成功した企業とそうでない企業の株価には今後、大きな違いが生じてくるかもしれません。つまり、銘柄の二極分化です。こうした違いが銘柄ごとの状況にとどまっているうちはよいのですが、これが日本全体の売りにつながってくると、すべての銘柄が影響を受けてしまいます。

また日本の財政に疑問符が付き、国債の価格が下落するような事態となれば、円安と金利上昇が加速して、インフレの弊害が顕著になってくるでしょう。そうなると、不動産銘柄も安泰かどうかは分かりません。

国内の企業を中心にポートフォリオを組むという場合には、このあたりのリスク要因を十分に考慮に入れる必要があります。

STUDY

□ 海外M&Aと工場の海外移転

海外M&Aは、海外への工場移転と同様、国際収支では直接投資として計上される。途上国への工場移転は、価格競争力の低下でいずれ収益力が減少するが、M&Aの場合には買収した企業が存続する限り、投資収益が維持される。

第8章のまとめ

■今後、米国経済は長期にわたって堅調に推移する可能性が高い

■日本は、量的緩和策や経常収支の赤字化で円安が進む可能性が高い。円安の進行は物価を上昇させるので、基本的にインフレとなる

■インフレが持続的な経済成長に結びつけば問題ないが、いくつか超えなければならない課題があり、日本経済の将来はまだ不透明な状況にある

■米国株への投資は、基本的に経済規模拡大の恩恵を受ける優良銘柄がよい

■日本株への投資は、米国の景気拡大のメリットを享受できる銘柄がよい。具体的にはトヨタや東レ、ソフトバンクといった企業となる

■不動産銘柄はインフレ対策としては有効だが、為替と金利動向には注意が必要である

おわりに

本書を最初に執筆したのは2014年の秋でしたが、原稿を書き終えた時、人間の心理というものが、経済や株価の動きにいかに大きな影響を与えてきたのか、あらためて認識することになりました。

バブル経済は人々の期待が作り出す現象ですし、戦争も極めて人間的な出来事といってよいでしょう。さらにいえば、通貨というものは、究極的な共同幻想であり、その存在は、人間の心理に大きく依存しています。

第1章の最後において筆者は、企業の資本と労働の比率は循環的に変化しており、これが株式市場の超長期的なトレンドに影響を与えていると指摘しましたが、この動きは、社会的・文化的な動きとも密接に関係しています。

戦後を例にとってみると、資本／労働比率は1960年を境に減少に転じ、日本は停滞期に入るのですが、ちょうどそのタイミングで、日本の社会的・文化的な雰囲気も大きく変わります。

学生運動が活発になり、フォークソング・ブームやヒッピーの登場など、既存の体制や価値観にノーを突きつける若者が増えてきたのです。

しかし、資本／労働比率が再び上昇に転じる1980年以降、社会の雰囲気は再び変わり、体制を肯定し、消費を謳歌するバブル文化が台頭してきます。

これは戦前も同様です。

明治時代後期、日本の資本／労働比率は減少に転じているのですが、当時の日本は、急速に豊かになった反動からか、目的意識を失った若者が急増し、大きな社会問題となっていました。

日露戦争の前年には、第一高等学校（現在の東京大学教養学部）の学生であった藤村操という人物が、「何のために生きているのかよく分からない」という、意味不明の遺言を残して、日光の華厳の滝に投身自殺するという事件がありました。

当時の東京大学出身者は、今とは比較にならない超エリートで、卒業すれば貴族のような生活が一生保証されていましたから、日本中は大騒ぎとなり、なぜ死を選んだのかについて、それこそ侃侃諤諤の議論となりました。

しかし、こうした雰囲気も、資本／労働比率が再び逆転した大正時代を境に一変。

1980年代と同様、イケイケの大正バブル時代が始まることになります。

この分析手法によると、アベノミクスがスタートした2013年あたりから、再び、資本／労働比率が顕著に上昇する動きを見せるようになりました。実際、アベノミクスを境に日本人の心理も大きく変わってきたように見えます。

以前は、日本を名実ともに先進国であると認識する人がほとんどであり、中国はあくまで新興国であるとの位置付けでした。

しかし、アベノミクスと前後して、中国をライバル視する風潮が強くなり、中国脅威論が台頭してきました。その後、中国の勢力拡大や日本の相対的な貧しさが誰の目にも明らかになるにつれて、日本はもはや豊かな先進国ではなくなりつつあると認識する人が増えているように感じます。

日本が弱体化していることは、よいことではありませんが、日本の弱体化＝投資チャンスの消滅、というわけではありません。

歴史に沿って考えるなら、人々の心理が変化しているタイミングというのは、マクロ経済の構造や市場環境が大きく変わるタイミングであり、これは大きな投資チャンスともいえるのです。

実際、本書でも取り上げたように、戦後の経済破綻のタイミングでも、それをうまく活用して利益を上げた投資家はたくさん存在します。どのような状況であれ、変化はチャンスであるという前向きな姿勢を貫くことが重要でしょう。

歴史という「知恵」が、読者の皆さんのよき羅針盤となり、正しい決断を下す一助となるのであれば、筆者としてこれほど嬉しいことはありません。

朝日新聞出版の佐藤聖一氏には、今回の文庫化はもちろんのこと、単行本の執筆段階から多くのご尽力をいただきました。あらためて、感謝の意を捧げたいと思います。

加谷珪一

加谷珪一（かや　けいいち）

経済評論家
仙台市生まれ。1993年東北大学工学部原子核工学科卒業後、日経BP社に記者として入社。野村證券グループの投資ファンド運用会社に転じ、企業評価や投資業務を担当。独立後は、中央省庁や政府系金融機関などに対するコンサルティング業務に従事。現在は、ニューズウィークや現代ビジネスなど数多くの媒体で連載を持つほか、テレビやラジオなどでコメンテーターを務める。億単位の資産を運用する個人投資家でもある。

主な著書に「お金持ちはなぜ『教養』を必死に学ぶのか」（朝日新聞出版）、「戦争と経済の本質」（総合法令出版）、「億万長者への道は経済学に書いてある」（クロスメディア・パブリッシング）、「感じる経済学」（SBクリエイティブ）、「ポスト新産業革命」、「お金持ちの教科書」（ともにCCCメディアハウス）、などがある。

加谷珪一オフィシャルサイト
http://k-kaya.com/

お金《かね》は「歴史《れきし》」で儲《もう》けなさい　朝日文庫

2019年11月30日　第1刷発行
2021年1月30日　第3刷発行

著　者　加《か》谷《や》珪《けい》一《いち》

発行者　三宮博信
発行所　朝日新聞出版
〒104-8011　東京都中央区築地5-3-2
電話　03-5541-8832(編集)
　　　03-5540-7793(販売)
印刷製本　大日本印刷株式会社

Published in Japan by Asahi Shimbun Publications Inc.
定価はカバーに表示してあります

ISBN978-4-02-261997-6
落丁・乱丁の場合は弊社業務部(電話 03-5540-7800)へご連絡ください。
送料弊社負担にてお取り替えいたします。